시든 꽃이 아닌 마른 꽃으로

늙은 자에게는 지혜가 있고
장수하는 자에게는 명철이 있느니라.(욥기 12:12)
백발은 영화의 면류관이라 공의로운 길에서
얻으리라.(잠언 16:31)

그대와 나, 우리의 안쓰러운 노년을 위하여~
공감과 위로를 담아 드립니다.

저자 홍정희

시든 꽃이 아닌 마른 꽃으로

현명하고 곱게 나이 먹는 계로록

홍정희 산문집

한강

서문

누구나 가지고 있어야 할 계로戒老

이 글을 쓰면서 알게 되었는데…. 10월 2일이 '노인의 날'이 란다. 경로 효친 사상을 앙양하고, 전통문화를 계승 발전시켜 온 노인들의 노고를 치하하기 위해 1997년 제정한 법정 기념일 이다. 노인을 공경하는 미풍양속을 간직하게 하고 노인 문제에 대한 나라와 국민의 관심을 높이기 위하여 제정한 날이라는데, 정작 노인의 길에 들어선 나는 미처 그날을 모르고 있었다. 그해 100세가 되는 장수 노인들에게는 명아줏대로 만든, 전통 지팡이인 청려장靑藜杖을 증정하는 행사도 열린다고 한다. 인구의 고령화와 가치관의 변화로 인해 점차 노인들이 설 자리를 잃어가는 세태인데, 그나마 이와 같은 사회 구조적인 제도가 마련되었다는 것은 참 다행이다.

　그러나 이런 바람직한 취지에도 불구하고 우리를 슬프게 하는 현실은 여전하다. 한국의 노인 빈곤율과 자살률 등이 OECD 국가 중 여전히 선두를 달리고 있음은, 늙을 노老자의 위태로운 지팡이를 먼저 떠올리게 한다. 등은 구부정하고 머리는 허옇게 센 노인이 지팡이에 몸을 의지하고 있는 모습을 본떠 만들었다는 이 글자. 무연히 보고 있으면 왠지 모를 서러움이 고인다. 노인老人은 '나이가 들어 늙은 사람'이라고 적힌 사전에는 '기애耆艾, 늙은이'와 같은 유의어가 있다. 또 노인을 이르는 여타의 의미로는 노인장丈, 노공公, 노체體, 존로尊老 등 높여 이르는 말이 있다. 그 반면에 노인네, 노친네, 노객客, 노생生 등 낮잡아 이르는 말도 있는 걸 보면, 노인에 대한 두 갈래의 시선이 존재함은 확연하다.

　"세상은 늙음을 물리치지 못하는 것만 알고 늙음을 물리치지 않을 수 없음을 알지 못한다." 책에서 읽은 이 한 구절은 어쩔 수 없는 여운을 남긴다. 사람이 늙음을 싫어함은 죽음에 점차 가까워지기 때문임을 누구나 잘 알고 있다. 그러나 늙음을 물리치지 않을 수 없는 까닭은 노老만 알고 있기 때문이다. 세상이 늙음을 싫어하기 때문에, 늙은 사람을 멸시하는 세상 풍조 때문에 어쩌면 노인들은 한사코 늙음을 물리치려고 애를 쓰는 것인지도 모른다. 나이가 든 이를 숭상하고 존경했던 시절이 언제였는지 까마득하다. 이제는 늙었다는 이유 하나로 업신여김을 당하거나 박대, 소외, 동정의 대상이 되기 일쑤이다. 오래 사는 것이 분명 오복 중의 하나임에도 되레 오래 사는 것이 욕이 되어 버린 듯한 요즘의 세태이다. 노동을 담당할 쓸모가 떨어지게 됨으로써 노인에 대한 부정적인 면이 더 강조되고 있는 것은 부인할 수 없는 사실이다. 경험과 지혜, 전문적인 지식 등, 그들의 긍정적인 가치를 얕잡아 봄은 다반사이다. 이에 더해 아예 대놓고 노인을 사회적 약자로 분류하고 있는 것이다.

환갑의 고개를 넘은 지 여러 해, 오늘도 정직한 시간은 꾸준히 흘러가고 있다. 그간 이런저런 심신의 나약함을 견뎌 내면서, 하루가 다르게 일어나는 크고 작은 육신의 반란을 달래 가면서 많은 생각을 했다. 아, 이제 나도 꼼짝없이 노인이 되어 가는구나! "늙어 가는 것을 가시로 막고, 오는 백발은 막대기로 치려고 하였더니 백발이 먼저 알고 지름길로 오더라."고 했던가. 옛 문헌의 〈탄로가嘆老歌〉까지 굳이 빌려 오지 않더라도, 늙음에 대한 안타까움은 고금을 막론하고 누구에게나 있다. 아무리 피하려고 해도 거역할 수 없는 세월의 위력이라면…. 그렇다면 이제 내게 남은 나이를 어떻게 먹어야 할까? 나도 행복하고 남에게도 도움을 줄 수 있는, 내 노후의 그림은 어떤 풍경이 될까? 우연히 마주한 소노 아야코의 계로록, 『나는 이렇게 나이 들고 싶다』를 읽고부터는 더 자주 그런 고민을 하게 되었다.

계로戒老. — 언뜻 보기에는 뭔가 거창한 듯하지만 의외로 이 뜻은 단순명료하다. 사람은 생로병사의 굴레에서 벗어날 수 없는 존재이니, 정해진 생의 수순에 따라 점차 늙어 간다. 어쩔 수 없이 노인으로 늙어 가더라도 추하지 않고 곱게 늙어야 하기에, 늙어 가면서 경계해야 할 것들을 하나하나 다시 되새겨 보자는 것이다. 늙는 것에도 젊은 시절 못지않게 지혜와 용기가 필요하다고 하니, 가능한 한 노력하면서 아름다운 황혼을 맞이해야 하지 않겠는가. 그런 점에서 이 글은 수년 전부터 나의 계로를 정리해 놓은 기록이다. 하루하루 살아가면서, 아니 하루하루 늙어 가면서 문득문득 떠오르는 단상들을 그때그때 써 놓은 계로록. 소노 아야코의 생각에 많은 부분 공감했던 나 역시, 그녀처럼 그렇게 나이 들어가고 싶은 소망이 있다. 그녀의 계로는 그러했고 나의 계로는 이러하다. 과연, 이 글을 읽고 계신 그대들의 계로는 어떠한지 알고 싶다.

노후의 계획은 사람의 성격에 따라, 삶의 방식이나 인생관에 따라 각자 다를 것이다. 그러나 한 가지 공통된 것이 있다면, 건강하고 평안하게 고운 나이를 먹고 싶다는 소망이리라. 이 소망을 '계로'라는 레시피로 만들어 간직해 보는 것은 어떨까. 맛있는 음식을 만들고 싶은 이들은 최상의 레시피를 갖고 있다. 달달 외워 레시피 없이도 뚝딱 근사한 요리를 만들어 내는 이들도 있지만, 대다수의 사람들은 레시피를 자세히 들여다보면서 정확하게 정성껏 조리하려 한다. 실수하지 않기 위해, 보다 멋진 음식을 선보이기 위해 애쓰고 또 애쓰게 되는 것이다. 감탄과 감사와 감동을 불러오는 가치 있는 음식. ─ 그것은 어쩌면 각자가 기록해 놓은 귀한 레시피가 존재했기에 가능한 것이 아니었을까.

 행복한 노후를 사는 황금 레시피 또한 이것과 다를 바 없다. 이 레시피는 거창한 비밀 노트에 별표로 구별되어 은밀하게 기록되어 있는 것이 아니다. 질 좋은 고급 노트에 장황하게 줄지어 열거되어 있는 그 무엇도 아니다. 누군가가 친절히 가르쳐 준 것도 아니며 그렇다고 굳이 어디에 가서 애써 배워 온 것도 아니다. 그저 나이 먹어 가며 내 마음속 깊은 곳에서 순간순간 빛처럼 환하게 깨달아지는 바로 그것, 계로일 뿐이다. 멋지게 늙고 싶다는 마음 또한 어쩌면 욕심인지도 모른다. 그러나 나이를 핑계로 나태해지는 스스로를 경책하면서 원만하게 살고자 한다면 그게 바로 계로이지 않을까도 싶다. 계로는 늙음에 대비한 훈계, 노추에 대한 경계, 노년의 계획된 설계도…. 늙어 가면서 내 나름대로 지켜야 하는 절대 규범이기에 필히 저마다의 계로는 반드시 갖고 있어야 한다.

 '계로'라고 그럴듯하게 써 놓고 다시 보니 엄한 계율처럼 느껴져 조금은 멋쩍다. 얼마나 근사하게(?) 늙으려고 이런 글까지 써 가며 괜한 유난을 떠나 싶은 자괴감도 있다. 남들이 그러 하듯 그냥 흐르는 강물처럼 세월에 날 맡기고 살면 되지 않을까 하는, 늙음에 무기력한 마음도 한편에 웅크리고 있다. 늙음의 구차함이나 초라함을 수긍한다는 것이 그리 쉽지는 않아 때때로 우울해지기도 한다. 도대체 있는 그대로의 늙은 모습을 인정할 수 있는, 편하고 넉넉한 노년의 완숙한 경지는 어디까지일까 싶어 혼란스럽기도 하다. 그럼에도 이제껏 걸어온 긴 뒷길보다는, 조금 남은 앞길일지언정 뭔가 더 의미 있고 씩씩한 삶이 되어야 하지 않을까 싶어…. 몇 년간 미뤄 두었던 용기를 애써 내본다.

2023년
홍정희

두 번째 서문

행복한 노후를 사는 황금 레시피

맛있는 음식의 이면에는 으레 탐을 낼 만한 훌륭한 레시피가 있다. 그렇다면 행복한 노후를 만들기 위해서도 이에 못지않은 '황금 레시피'가 있어야 하지 않을까. 언제나 그렇듯이 건강과 경제적 여건은 당연히 기본 요소이며 필수적이다. 이런 바탕 재료들 위에 '나눔과 보람이라는 비법 양념을 골고루 섞어 버무려 보라는 것'이다. 그렇게 한다면 분명 더 행복한 노년을 보낼 수 있다고 설파한 글을 유심히 읽으면서 고개를 끄덕이게 되었다. 소유함에 내 모든 것을 걸고 동분서주 바쁘게 살아온 여정이 인생의 전반전이라면, 봉사와 나눔에 가치를 두고 사는 삶의 늘그막은 인생의 후반전일 터이니 말이다. 그러기에 제2

의 인생을 부지런히 또 꾸려 가기 위해서는, '행복하게 나이 드는 비결'을 터득함이 우선일 듯싶다.

'황금 레시피'라는 말을 듣고 이내 예전의 영화, 〈황금 연못 On Golden Pond〉이 떠올랐다. 어니스트 톰슨의 데뷔작을 영화화한 것인데, 헨리 폰다와 캐서린 헵번이 주연으로 출연했던 영화이다. 아주 오래전의 영화이니, 그 영화를 보았던 시절의 내 나이는 영화 속 주인공들과는 많은 차이가 있었을 것이다. 그럼에도 그 영화를 아직 추억하고 있는 것은, 그 영화를 보는 내내 내 늘그막의 모습을 상상하면서 등장인물들이 처했던 상황과 감정에 몰입했던 기억 때문일지도 모르겠다. ㅡ '〈황금 연못〉은 황금빛 노을에 물든 호숫가 별장을 배경으로, 인생의 황혼기에 접어든 노부부 노만과 에셀의 사랑과 신뢰, 죽음에 대한 두려움과 초월을 그린 작품이다. 작가는 노부부의 삶을 통해 삶의 순간들을 소중하게 보낼 수 있는 지혜가 우리에게 필요하다는 것을 일깨워 주고 있다.' ㅡ 책을 소개하는 글을 다시 찾아 읽으니 '황금 레시피'라는 말에 더 골몰하게 된다. 이제 내 나이도 '황금 레시피'가 절대적으로 필요한 나이에 슬슬 가까워지고 있으니 말이다.

얼마 전 한 친구가, 휴대폰으로 찍은 〈노인 십계명〉을 보내왔다. 명절에 시골 친척을 방문했는데, 그 마을 노인 회관에서 찍은 것이라 했다. 예전 같으면 눈에 들어오지도 않았을 그 글이 희한하게 자기 마음을 치더란다. "나도 이제 정말 늙었나 봐."라는 말끝에 그려진 슬픈 표정의 이모티콘을 보고 있자니 괜히 나까지 덩달아 마음이 뭉클해졌다. 영적 십계명도 다 지키지 못하고 사는 깜냥에 이것인들 지키기 쉽겠는가마는…. 그래도 이것은 내가 애써 노력하면 어느 정도는 가능하지 않을까 싶은 마음에 서너 번을 되새김해 읽어 보았다.

일. 노인 냄새 나지 않게 깨끗이 청결하게 살자.
이. 외부로부터의 말을 절대 말하지 말라.
삼. 밝게 살아가며 명랑하게 살자.
사. 숨기는 짓을 말고 무엇이든 말하라.
오. 자신이 틀릴 수 있다고 생각하며 살라.
육. 매일 운동을 하여 몸을 단련하라.
칠. 체념하는 일 없이 행동하지 말라.
팔. 다정하고 유쾌한 삶을 살아가라.
구. 노인이란 이유로 직위를 생각 말라.
십. 돈에 너무 집착하지 말고 살아가라.

각종 매체에서 올려놓은 '노인'에 대한 말들은 넘쳐난다. 노인 십계명은 기본이고 오십계명까지도 나온 지 이미 오래이다. 행복한 노년의 지혜 운운하는 나름의 방법들도 다양하여, 정말 우리 사회에 노령 인구가 증가하고 있다는 뉴스 보도가 더 실감나기도 하는 요즈음이다. 젊은 시절에도 그 나이에 걸맞게 지켜야 할 덕목들은 여전했다. 그러나 어디 그것들을 온전하게 지켜 내기가 수월했던가. 그러니 나이 먹어 지켜야 한다는 이런저런 내용들이 교양 선택이 아닌 전공 필수가 된 것 같은 이 부담감과 서러움은, 나이 먹은 이들이 공통으로 느끼는 감정이 아닐까 싶다.

누구나 나이를 먹으면 어쩔 수 없이 위축된다. 젊은 사람들은 어제가 오늘 같고 오늘이 어제 같은 그저 그런 날들의 연속이라고 말할 테지만, 하루하루가 줄어져 가는 노인들에게는 그렇지 않을 것이다. 평안한 날임에도 왠지 만사가 조마조마해진다고 하는 것을 보면 그 심사가 충분히 이해되기도 한다. 흔히들 조언하기를 나이 먹을수록 '생활의 활력소'를 찾아야 한다고 강조한다. 그래야 인생 2막에서 또 다른 나를 발견할 수 있다면서 말이다. 허나 말처럼 그 모든 것이 정녕 쉬울는지. 무언가를 시도하려고 해도 이미 불씨 꺼진 열정을 다시 부추겨 세우는 일은 또 다른 마음의 부담감으로 옥죄여 온다. 굳이 이 나이에 그것을 해서 뭐하려고…. 그냥 나이에 어울리게 살면 되지 않을까. 스스로를 애써 위로하면서 주저앉다가도 무력해지는 만년의 육신을 바라보면 또다시 아뜩해지기도 하는 것이다.

언젠가 TV 한 프로그램에서, 노년의 유명인이 이런 말을 한

적이 있다. '숫자에 담긴 삶의 지혜'라며 어른 학교의 십계명이라고 했던 걸로 기억한다. 세상에 넘쳐나는 소위 노년 십계명의 또 다른 버전이지만 위트가 넘치는 그 글은 여타의 다른 글보다 더 마음에 와 닿았다. 나이를 먹어 노인 취급받는 것이 마냥 서럽지만, 달리 생각해 보면 그리 슬프지만은 않을 것 같은…. 내가 하기 나름으로 어른 대접을 받을 수도 있다는, 옅은 희망이 보이는 잠언 같다고 느꼈기 때문이다.

일. 일일이 알려고 하지 마라.
이. 이것저것 간섭하고 캐묻고 따지지 마라.
삼. 삼삼오오 자주 만나 즐기며 살라.
사. 사생결단하지 말고 사사건건 시비 말라.
오. 오기 부리지 마라.
육. 육체적 스킨십을 즐기고 육신을 움직여라.
칠. 칠십 퍼센트(70%)에 만족하라.
팔. 팔팔하게 살고, 팔팔할 때 많이 다녀라.
구. 구구절절 변명 말고, 구질구질한 것을 버려라.
십. 십 퍼센트(10%)는 봉사와 기부하라.

이것에 더해 내 나름 두 개를 더 보태어 보았다.

십일. 11개월은 생활의 군더더기를 과감하게 정리하며 살아라.

(각종 모임, 회비 지출, 주위 물건들, 스트레스 주는 사람 등등.)
십이. 12개월째에는 삶의 반성과 감사를 잊지 말아라.
(한 해를 잘 살아온 것은 주위의 사랑 덕분이다.)

어쩌면 인생 후반부의 행복 전략 비결은 생각 외로 간단할지도 모른다. 사람답게 살려는 인간 본연의 심성에 더해, 이제껏 누렸던 모든 것을 제자리로 잘 돌려놓고자 하는 감사, 더불어 타인과 나누려는 배려와 겸허가 뒤따라 준다면 말이다. 비록 육신의 주름은 날로 늘어 보잘것없어지겠지만, 그렇게 삶의 희열을 간간이 맛보면서 살 수 있다면…. 훗날 인생이라는 무대에서 내려올 때, 그만하면 당신은 잘 살았다는 화려한 박수갈채 정도는 받게 되지 않을까.

2023년
홍정희

서시序詩

계로록 戒老錄

나는 이렇게 늙어 가고 싶다
나이 듦과 죽음에 대해 가끔씩은 생각을 하며
상실되어 갈 것들을 위해 담담할 수 있기를
열심히 살아왔지만 그래도 못 이룬 지난날
계획대로 되지 않는 것이 인생이었구나
애착과 미망을 버린 남은 생의 사랑으로
내 힘으로 할 수 있는 넉넉한 일과
아무리 발버둥 쳐도 할 수 없는 일의
참된 분별력으로 천금 같은 날과 달의
허망한 낭비를 부디 하지 않기를

나는 이렇게 늙어 가고 싶다
내가 겪는 고통이 가장 큰 것 같은 착각 속에
주위 사람을 늘 힘들게 하는 완고함을 버리고

늙어 가는 자연의 이치 앞에 겸손할 수 있기를
애써 무엇인가 남기려고 감정을 소진하지 않고
편견을 가졌던 생의 흔적을 말끔히 지우기를
땅이 꺼질 것 같은 내 아픔을 몰라준다고
나를 돌보는 이들을 냉정하다 원망하지 않고
끝까지 인간의 거룩한 품위를 지켜 낼 수 있는
관대함과 용서와 배려가 내 얼굴에 배어들기를

나는 이렇게 늙어 가고 싶다
언제 떠나도 괜찮다고 스스로 다독이며 초연하게
백 세 장수 시대라는 달콤한 말에 휘둘리지 않고
내가 진정 길게 사는 것을 견뎌 낼 수 있는지
이 세상에 대한 미련을 조금이라도 흘리는
추함을 결코 내비치지 않는 그런 인격이기를
행복했다는 사람들도 불행했다는 사람들도
다 저마다의 방법으로 그렇게 살아온 것뿐
결국 인생의 가치 판단은 하늘만이 하실 일
내가 다 옳았다고 고집하지 않는 노년이기를

나는 진정 이렇게 늙고 싶다
내 삶, 참으로 꿈같은 시간이었음을 회상하며
오래 흐놀던 갈망까지도 다 내려놓을 수 있으매

끝내 사랑하여 애집과 망집으로 그릇되지 않기를
그리하여 정녕코 애착생사에서 나비처럼 가볍기를
홀가분한 마음으로 오는 세월에 예의를 지키며
매일 밤 잠들기 전 무릎 꿇고 손 모으는 기도에
"오늘 지금 이 순간까지, 정말 감사했습니다."
신神이 베푸신 수복壽福을 절실히 느끼며
하루하루 그렇게 조용히 늙어 가고 싶다

2023년
홍정희

차례

□ 서문
□ 두 번째 서문
□ 서시

제 1 부 희로애락—뒤섞이고 갈마드는 희비

자연의 순리는 거역하지 못한다 _____ 27
무엇인가는 포기해야 할 나이 _____ 30
조언과 참견의 적정 거리를 지켜라 _____ 35
운전대는 자신이 판단해서 놓아야 _____ 38
운동은 자기 건강 능력에 맞게 _____ 42
외출할 때는 홀가분한 차림으로 _____ 45
오직 나에게만 귀할 뿐인 물건들 _____ 49
긍정과 부정의 반반 비율 _____ 53
반려동물을 키우려면 사랑으로 _____ 56
인생의 항체는 지금도 진행 중 _____ 59

차례

제2부 화양연화—꽃 같던 시절의 빛

지금은 행복해도 될 즈음 ____65
품위 있게 죽고 싶다 ____69
할머니, 할아버지의 자리는 선물 ____71
친구가 많다고 무조건 좋지는 않다 ____74
나를 위해 여는 지갑 ____77
시든 꽃이 아닌 마른 꽃으로 ____80
여행은 가능한 한 많이, 끝까지 ____84
똑같은 일상에 감사하라 ____88
혼자 화장실에 갈 수 있는 행복 ____92
'걷기'는 제일 좋은 운동 ____96

차례

제3부 호접지몽—인생의 덧없음

과거 이야기는 짧을수록 좋다 ____101
살찌는 것을 겁내지 않아야 ____104
'100세 시대'는 축복 혹은 재앙 ____106
'노약자석'은 따로 없다 ____110
'황혼 육아'는 건강이 뒤따라야 ____114
자식은 마음이 문드러지는 존재 ____118
서운함을 쌓아 두지 마라 ____121
사람의 마음은 알 수 없다 ____125
가족은 나의 창과 방패 ____129
효孝는 강요하는 것이 아니다 ____134

차례

제4부 영고일취―인생의 변덕스러움

그 연세에·이 나이에 ____141
평균 수명에 얽매이지 말 것 ____147
어떻게 늙어야 할까 ____151
내가 언제 죽을지 알게 된다면 ____157
나 혼자만 아픈 것이 아님을 ____162
노노老老케어care의 두려움 ____167
남은 배우자가 홀로 설 수 있도록 ____172
내가 빠져야 할 자리를 안다는 것 ____178
뒷모습이 아름다운 사람 ____180
식탐은 보기 흉할 뿐 ____184

제5부 회자정리 — 이별의 아쉬움

죽음보다 더 두려운 것은 ____ 191
내 생生에 대한 'Yes' 또는 'No' ____ 195
사전연명의료의향서 작성 ____ 199
사전장례의향서 주요 내용 ____ 203
마지막 길은 스스로 연출하라 ____ 207
장기 기증 ____ 211
유언장 작성 ____ 215
영정 사진은 내가 준비한다 ____ 219
우리가 선택할 두 가지 방법 ____ 222
좋은 죽음 — Good Death ____ 226

□ 후기
□ 참고한 책

희로애락―뒤섞이고 갈마드는 희비

제1부

자연의 순리는 거역하지 못한다

거울을 보다가 우연히 발견한 치아의 실금들이 염려스러워 치과에 갔다 오던 바로 그날, 7개월 된 첫 손자의 유치乳齒가 나오고 있다는 소식을 들었다. 부실해진 내 이는, 이제 나이가 들어 어쩔 수 없는 거라는 말을 듣고 나오면서 많이 우울하고 기분이 가라앉아 있던 참이었다. 그런데 공교롭게도 같은 날, 금쪽같은 내 손자의 생애 첫 치아가 나오고 있는 사진을 받게 된 것이다.

손자의 부드러운 연분홍색 잇몸 속에서 살짝 보이고 있는 하얀색의 존재. 가슴이 뭉클하다. 그런데 마음 한편이 이토록 허한 이유는 또 무엇인지. 나는 분명 늙어 가고 있고 새 생명인 손자는 이제 막 자라나고 있다. 한 쪽은 지는 해, 한 쪽은 뜨는 해이다. 허나 내가 늙었기 때문에 손자를 가질 수 있던 것이고 보면 그저 감사한 일이다. 내가 하루하루 사그라지는 만큼 손자는 무럭무럭 장성할 것이다. 그것이 애초부터 자연의 질서에 의해 정해진 이치이고 엄혹한 인생의 한계에 따른 순서인 것이다.

언제까지나 누릴 수 있는 젊음이 아닌 것을 인정해야 한다. 예전엔 내 몸이 안 그랬는데…. 옛날엔 걱정도 안 했던 건강인데…. 누구에게나 지극히 당연한 얘기이다. 어느 누군들 지난날이 싱싱하고 건장하고 아름답지 않았겠는가. 봄날은 야속하지만 속절없이 그렇게 지나가는 것. 어느 한계점에 도달하면 그 변화를 순순히 받아들여야 하지 않겠는가. 생각하면 생각할수록 속상하고 기운 빠지는 얘기일 수 있겠으나, '그렇지, 그럴 수밖에 없지.' 정직한 세월에 수긍하면 그런대로 마음이 편해진다. 나만 늙는 것이 아니기에 때때로 스스로를 객관화해서 볼 필요가 있지 않을까도 싶다. 다가오는 늙음을 물리치지 않는다는(피한다고, 도망간다고 될 일도 아니지만) 것은, 이제부터 변해갈 내 모습이 곧 내 삶의 결과라는 것을 사실로서 직시하는 일이다.

하나둘씩 잃어버리는 것들에 대한 담대함이 필요하다. 상실되어 갈 것들에 대한 절망감도 극복해야 한다. 나이를 한 살 더먹을 때마다 어이쿠! 헛헛한 비명만을 삼킬 일이 아니다. 진지하게 나이 듦이란 그냥 시간이 흘러가는 대로 저절로 늙어 가는 것이 결코 아니기 때문이다. 사람은 늙으면 늙을수록 각 신체의 기능이 노화된다. 게다가 병까지 앓게 된다면 심리적인 상태도 엉망진창으로 균형을 잃게 된다. 말 그대로 설상가상의 노老가 되는 것이다.

   그러기에 더더욱 미구에 닥쳐올 노년은 무위의 시간이어서는 안 된다. 젊어서 가져야 했던 패기와 열정 못지않게 늙어 가는 단계를 차근차근 밟아가는 특별한 용기가 꼭 필요한 것이다. 나날이 버겁게 늙어 가는 것도 서러운데 용기라니? 허나 비단 나뿐만이 아니고 인간이라면 누구나 공평하게 늙어 간다는 진리를 되새겨 보면, 그래도 조금은 위로가 되지 않을까 싶다.

무엇인가는 포기해야 할 나이

우리는 젊어서부터 무수한 계획을 세우고 노력하고, 좌절하고 또 일어서며 나름의 성공을 위해 무진 애를 쓰며 살아왔다. 최선을 다한 만큼 이루어 낸 것이 있는 반면, 최선을 다했지만 뭔가 부족하다는 생각 또한 여전하다. 그러기에 그것을 움켜잡고 발버둥 치는 미련을 떨쳐 버릴 수 없다. 수많은 인생의 목표물 때문에 수고에 수고를 거듭해 왔던 지난날을 돌아본다. '내가 노력이 부족했나?' '내가 그때 왜 그것을 안 했을까?' '혹 지금이라도 해 보면 되지 않을까?' 뒤늦은 후회와 갈등을 반복해 본들 이미 그것은 꿈결같이 지나간 과거이다. 이제는 내 힘으로 넉넉히 할 수 없는 일이라면 냉철하게 판단해 과감히 포기해야 한다. 탄식과 회한의 심정으로 옛날만을 반추하며 남은 생을 아깝게 낭비하지 말 일이다.

채우기보다는 비워야 할 나이이다. 나이가 들면 어쩔 수 없는 체력의 한계 때문에 내려놓아야 할 것이 생긴다. 어떻게 불완전한 인간이 가지고자 하는 많은 것을, 누리고자 하는 모든 것을 짧은 일생 안에 온전히 다 이뤄 낼 수 있겠는가. 그것은 허황된 욕심이고 누추한 욕망이다. 체념할 것은 단호하게 접을 수 있는 용기, 포기할 것은 흔쾌히 손을 털 수 있는 마음도 젊었던 날의 열정과 기개만큼 귀한 것이다. 거센 물살을 거슬려 그에 올라가려고 안쓰럽게 몸부림치는, 그나마 남아 있는 기운마저 다 빼는 헛헛한 오기는 행여 부리지 말 일이다. 전쟁처럼 치열했던 젊은 날의 무한 도전은 어느덧 무모한, 무리한 도전이 되었다. 아직은 무난하다는 괜한 강박증에 시달려 자신을 괴롭히지 말 일이다.

내 인생에 한 번도 주연을 못했음을 한탄하지 마라. 마음먹은 대로 살지도 못했는데 벌써 이 나이라고 억울해하지 마라. 한 해 두 해 시나브로 늙어 간다고 초조해하지도 마라. 설령 누군가를 돋보이게 하는 들러리로 살았다 해도 절대 비극적으로 생각하지 말 일이다. 사람은 다 저마다의 몫을 가지고 이 세상에 태어난다. 저 사람은 저 사람대로 나는 나대로의 정해진(?) 길을 걸었을 뿐이다. 난들 어찌 이렇게만 살고 싶었겠는가. 그러나 잘 생각해 보라. 내가 비록 많은 이들에게 화려한 주목을 받지 못했다 할지라도, 그래도 삶의 어느 부분에서는 잠깐이라도 반짝이며 빛났던 적이 분명 있었을 것이다. 혹여 잘 나가던 그들이 자기의 삶은 완벽했노라고 자화자찬을 해도…. 인생은 그 어느 누구도 후회막심과 후회막급의 뉘우침 속에서 결코 벗어날 수 없음은 기정사실이다.

이제 그것에 공감할 수 있다면, 이것도 해야 하고 저것도 해야 했던 고단한 여정에서 과감하게 벗어나라. 체념의 갓길로 방향을 틀어보는 것이 생각보다 그리 가슴 아픈 일은 아니리라. 이것은 좌절이나 절망이나 패배를 의미하지 않는다. 그저 막연한 희망을 버리고 연연함을 걷어내 단념하는 것뿐이다. 노욕은 아무리 좋게 포장을 해도 추하다. 노년이 되었다는 것은, 이제까지의 인생 수업을 수료하고 상실 수업을 반드시 수강해야 할 즈음에 이르렀다는 의미이다. 그렇다고 늙어 감이 결코 기력의 쇠잔에 따른 쓸모없음에 이르렀다는 얘기는 결코 아니다. 한 살에 또 한 살 나이를 더해 간다는 것은 그만큼 덕이 깊어지고 인간으로서의 성숙을 갖게 됨을 의미한다. 거창하게 자아의 완성까지는 아니더라도, 그 나이에 걸맞게 보기 좋게 살면 되는 것이다.

"나이가 60이다, 70이다. 하는 것으로 그 사람이 젊었다, 늙었다 할 수 없다. 늙고 젊은 것은 그 사람의 신념이 늙었느냐, 젊었느냐, 하는 데 있다."(맥아더) ─ 사람들은 종종 말한다. 생물학적인 나이가 늙어 가는 거야 당연한 것 아니겠느냐. 그렇다고 사고까지 늙었다는 말은 듣지 말아야 한다고…. 글쎄, 생각하기 나름이겠지만 난 이런 말들에 수긍하기가 좀 그렇다.

몸은 늙어 가는데 어떻게 마음만 젊은 상태로 머물 수 있을 거나. 나이는 먹었어도 마음만은 청춘? 그게 젊어지려는 노력을 한다고 한들 말처럼 가능한 일이기는 하려나. 외모는 노년기에 들었는데, 굳이 젊게 보이려고 아등바등 애쓰는 모습은 바라보기 민망하고 딱하다. 세월에 맞서 보려는 안간힘은 되레 허망함만 깊어지게 할 뿐이다. 그저 나이에 걸맞게 몸도 마음도 생각도 서로 조화롭고 무던하게, 남들보다 튀지 않게 사는 것이 딱 적당하지 않을까 싶다. 나이 먹는 것도 마음먹기에 따라서 생각 외로 즐거울 수 있을 터이니.

언제부터인가 앞날의 계획을 장황하게 세우는 일이 참 부질없다는 생각을 하게 되었다. 이 모두가 나이 들어가면서, 조금씩 건강에 자신이 없어짐이 그 이유이다. 누구처럼 5개년 계획은 고사하고 당장 내년 아니 금년에 계획된 일을 잘 끝낼 수 있을까 하는 염려만으로도 버겁다. 그냥 바로 코앞에 닥친, 내가 당장 꼭 해야 할 일만이라도 무사히 마무리할 수 있으면 좋겠다는 마음이다. 이런 잔뜩 위축된 심신으로 무슨 계획을 빈틈없이 세울 수 있으랴. 건강에 발목을 잡힌 노년기에는 단순한 계획이 외려 좋을 수도 있다. 성대하게 세운 계획을 달성하지 못해 느끼는 절망감이나 자책보다는 포기할 것은 단호하게 포기하고, 남이 보기에 누추할지언정 진정한 '소확행'을 찾는 것이 현명한 노년이지 않을까 싶다. 조금의 시름도 없이 편히 늙어 가는 일이 소원대로 되기야 하겠냐마는…. 말로에 갖는 마음의 평안은, 무엇을 채워 이루기보다는 무엇인가를 버려 홀가분해지는 것이 더 나은 것이리라. 이것이야말로 내 마지막 무렵의 여정에, 남은 빛을 반짝일 수 있는 유일한 비기일지도.

조언과 참견의 적정 거리를 지켜라

"'내·비·도'가 뭔지 아세요?" 지인이 처음 이 말을 물었을 때는 무슨 뜻인지 몰라 고개가 갸웃했었다. 내비도道? 거창한 의미의 상상을 하며 되묻자, 그 사람 왈, 이름 그대로 '내비' 놔 두는 것이란다. 누가 뭐래도, 어떤 짓을 해도, 세상이 어떻게 돌아가도, 그냥 '그러려니' 여기고 마음 편하게 생각하는 거란다. 듣고 보니 내비도는 신경 쓰지 않고 간섭하지 않고 지적하지 않고 참견하지 않고 불평하지 않고, 그래서 말수를 의식적으로 줄이는 행위이다. '내비도'대로 산다면 정말 세상 편할 것만 같다. 봐도 못 본 척, 들어도 못 들은 척, 못마땅하고 내 마음 같지 않아도 목소리 낮추고 가능한 한 입을 닫으라는 얘기이다. 나이가 들수록 '입을 다물고 지갑은 열라.'는 말도 있는 걸 보면 내비도의 개념은 참 단순명료하다. 사회에서 어른 대접을 받으려면 꼭 지켜야 할 내비도의 실천인 셈이다. 격려와 충고도 상대가 꼭 필요할 때 해야 도움이 되는 법이다.

이 내비도는 자식들과의 관계에서도 필요하지 싶다. 집안의 윗사람이라고, 그들보다 더 살아온 연륜을 앞세워 일일이 간섭한다면 그 누가 좋아하랴. 우리가 자녀들을 키웠던 젊은 시절, 훈육에 서툴러 아이들과 부딪친 적이 비일비재였다. 그럴 때마다 아이들의 얼굴에 드러났던 짜증과 곤혹스러움을 떠올려 보라. 이젠 조언이라는 미명 아래 그들 생활에 어쭙잖은 말을 보태는 일은 그만해도 될 것 같다. 자녀들은 우리가 늙은 만큼 세상을 잘 살아 낼 정도로 성장했다. 어떤 면에서는 경험만 앞세우는 구닥다리 부모보다 더 멋지게 자신의 인생을 꾸려 나갈 능력이 충분한지도 모른다. 세대의 차이는 분명히 존재하기에 그것을 인정해야만 한다.

자녀들이 조언을 구할 때만 입을 열자. 자식의 인생에 불쑥불쑥 끼어들지 말자. 뭔가 불안하고 걱정스러워도 믿고 내버려 두자. 부모는 노파심에서 말을 했을지라도 자식이 귀담아 듣지 않으면 어쩔 수 없다. 내심 흡족하지 않은 구석이 있더라도 눈 질끈 감고 넘겨 버리자. 내가 그랬듯이 그들에게도 그들만의 살아가는 방법이 따로 있을 것이기에. 부모가 언제까지 그들의 뒤를 졸졸 따라다니며 매양 손잡고 이쪽 길, 저쪽 길로 인도하랴. 무조건 믿어 주는 것만이 최상이요 최선이다. 타이름 같은 잔소리의 횟수가 늘어날수록, 무난했던 사이라 해도 어쩔 수 없이 관계는 악화될 가능성이 높다. 이제는, 고단했던 지난날의 완벽함을 기꺼이 버리고 인생의 순리대로 따라 사는 이 '내비도'에 흔쾌히 순응해 보는 것은 어떨는지. 조언과 참견의 적정 거리를 제대로 지키면서…. 그것에 더하여 관심과 간섭의 차이를 구별함에도 부디 냉철하시기를.

아, 내 경험을 일반화하여 그것만 옳다고 주장하며 남을 가르치려는 옛날 사고방식도 조심해야 한다. "우리 때는…"으로 시작되는 한마디는 허심탄회한 담화를 가로막는 최악의 대화법이다. 젊은이들한테, '꼰대'라는 서글픈 은어는 뒷자리 담화로라도 듣지 말아야 할 터이다. 세월이 흐른 만큼 세상 역시 변했다. 세태는 급변하는데 구식舊式 가치관을 고집하며 불평만 할 것이 아니라, 조금 힘이 들더라도 그들의 눈높이에 맞춰 새로워지려고 애쓰는 노력은 어느 정도 필요할 듯하다. 소통이 불통이어서 고리타분한데 쓸데없이 자질구레한 말을 늘어놓는 잔소리쟁이까지 되어서는 절대 안 되지 않겠는가. 교양을 자랑하려 애쓰는 어른은 보기에 딱하기도 하려니와 대화하기에 피곤하기까지 하다고 한단다. '상대방이 안 물어봤고 안 궁금해하는 말은 줄이고, 할 말은 많지만 하지 않는 노력'이 꼭 필요한 시기가 노년기라고 하니 명심해야 할 듯싶다.

그 옛날 셰익스피어도 말했다. "부탁받지 않은 충고는 굳이 하려고 하지 마라. 늙은이의 기우와 잔소리는 반발심만 불러일으킨다. 도와 달라고 부탁할 때 도와주어라. 고마워할 것이다."

운전대는 자신이 판단해서 놓아야

현재 노인의 법적 기준 나이는 만 65세이다. 그런데 요즈음 이 기준 나이를 70세로 올리자는 '노인 연령 상향' 조정 논의가 뜨겁단다. 물론 이 배경에는 날로 증가하는 노인 복지 비용에 대한 우려가 깔려 있음을 우리는 잘 안다. 만 65세 이상을 노인으로 규정한 이 법은 1981년에 정해졌는데, 그때는 기대 수명이 66.1세이었단다. 그러나 2017년 기대 수명이 82.6세로 늘어난 것을 감안하면 세상이 몇 번 바뀌는 사이에 참으로 많이도 변했음을 느낀다. 그러니 노인 규정의 나이를 재고하자는 의견들도 일리가 있다. 하지만 이미 복지 혜택을 받고 있는 이들을 포함해서 앞으로 받을 예비 노인들의 의견은 짐작대로 반반이란다.

이 기사를 읽으면서 '고령 운전'에 대한 경각심을 불러일으

켰던 어떤 신문 기사가 뜬금없이 떠올랐다. 고령이라는 나이가 언제부터를 말하는 것인지 조금 애매한 부분이 있기는 하지만 대체로 70세 이후로 보는 듯하다. 실제로 '2018년 노인 실태조사'에 응한 65세 이상 노인들 스스로가 생각하는 노인 나이가 평균 72.5세로 나오기도 했단다. "아니, 그 나이이면 아직도 팔팔한데 운전을 하지 말라니?" 어느 누구는 이렇게 반문할지도 모르겠다. 그러나 곰곰이 자신을 돌아보면 수긍을 할 수밖에 없는 경험들이 하나둘 정도는 있지 싶다.

 나이가 들수록 시야를 바라보는 인지 능력과 민첩성은 분명 떨어지게 되어 있다. 세상에 둘도 없이 운전을 잘하던 사람도 기능적 능력이 점점 둔해져 감은 어쩔 도리가 없다. 도로 위의 우발 상황에 대처하는 판단력이 마음과 같지 않게 되어 가는 것이다. 돌발 상황에 대한 대응 능력이 뒤떨어짐을 자각하게 되는, '나도 내 자신을 믿을 수 없는' 기막힌 순간들이 어느 날 찾아옴은, 슬프게도 기정사실인 것을 어찌하랴.

 언젠가 노부부의 차에 동승한 적이 있다. 목적지가 같았기에, 같이 가자는 노부부의 배려에 감사하면서 뒷자리에 앉았다. 길어야 10분이면 충분했던 거리였는데, 배 이상의 시간이 소요됐다. 운전하는 남편의 옆자리에 앉아 있던 부인은 남편의 운전이 내내 불안했던지 잠시도 눈길을 떼지 않고 계셨다. "차선을 지켜라." "깜박이 켜라." "핸들을 잘 돌려라." 등등 잠시도 멈추지 않는 부인의 걱정에, 뒷자리에 앉은 나까지 덩달아 신경이 쓰여 좌불안석이었다. 아닌 게 아니라 운전하고 계시는 남편분은 내가 얼핏 보기에도 많이 불안해 보였다.

분명 그분도 한때는 운전 실력을 자랑했던 대한민국의 남자였으리라. 어림잡은 운전 경력만 해도 50여 년이 훌쩍 넘었을 테니, 이제 나이 들어 어쩔 수 없이 운전대를 놓아야만 하는 현실이 못내 아쉬웠을지도 모른다. 그러나 나이의 한계를 느낀다면, 단호하게 운전대와 이별해야 한다. 나 자신을 위해서, 가족을 위해서, 다른 사람들을 위해서 응당 그래야만 한다. 더 할 수 있다는 오기로, 아직은 건강에 자신 있다는 자기 판단만으로 계속 운전을 하다가는 어떤 위기 상황을 만날지 모른다. 결코 나이는 되돌릴 수 없다. 절대로 시간은 거꾸로 흘러가지 않는다.

고령 운전자 면허 보유 비율은 매년 증가 추세인데, 고령 운전자의 교통사고 또한 매년 수십 건씩 발생하고 있는 실정이란다. 현재, 70세 이상 2종 면허 소지자는 도로교통법에 의거, 적성 검사를 받아야 한다. 또한 75세 이상인 경우에는 고령 운전자 교육 이수가 필요하다. 지자체에서는 고령 운전자의 운전 미숙 및 인지 능력 저하로 인한 교통사고 예방 및 교통안전 문화 확산을 위해 '고령 운전자 운전면허증 자진 반납 지원 사업'을 시행하고 있다. 만 70세 이상 고령 운전자가 해당된다고 한다. 본인이 운전면허증을 가지고 직접 방문하여 신청하면 된다. 반납 즉시 면허가 취소되고, 한번 취소된 후에는 이를 철회

할 수 없으며, 취소일 기준 1년 후 다시 취득이 가능하다. 유의 사항으로는 ─ 면허 반납 시 모든 종류(원동기 포함)의 운전 면허가 전부 취소(일부만 반납 불가)된다는 점.

평생을 유용하게 지니고 살던 운전면허증을 내 발로 걸어 들어가서 반납하고, 일정 금액의 교통 카드로 지원받아 돌아와야 하는 심정은 어떨까? 단지 나이가 많다는 이유로 운전할 권리를 빼앗긴 것만 같아 이루 다 말할 수 없이 허전하고 서러울 것이다. 어쩌면 운전을 할 수 없어 이제껏 해온 생활의 활동 반경이 좁아지는 후유증도 감내해야 할 것이다. 이동에 편리했던 자차의 익숙함을 뒤로하고 하나부터 열까지 대중교통을 이용해야 하는 번거로움(?) 또한 감수해야 할 것이다. 허나 어쩌겠는가! 상실감이야 물론 크겠지만, 모두의 안전을 위해 혹여 발생할지 모르는 더 큰 사고를 미리 예방했다는 안도감으로 대신 메꾸는 수밖에.

문득 떠오른 생각 하나. ─ 초보 운전자들이 차 뒤에 붙이는 흔한 문구, "나도 나를 못 믿어요." 어쩌면 이것은 고령 운전자에게도 해당되는 것이 아닐는지. 휴우! 이래저래 나이를 먹어 하나둘씩 포기하며 퇴행한다는 것은 정말 쓸쓸한 일이다.

운동은 자기 건강 능력에 맞게

언제부터인가 연말이면 건강 검진을 하고, 그 결과에 따라 새해부터는 안 좋은 부분에 따른 관련 치료를 받고 있다. 3개월, 6개월 추적 검사를 하며 예의 주시를 해야 한다니 어쩔 수 없는 노릇이다. 그렇게 시나브로 1년 12달이 온통 각종 검사와 정기적인 치료에 목을 매야 하는 상황으로 흘러가고 있다. 가끔은 '이게 사는 건가?' 싶을 때도 있다. 이러니 정기 건강 검진을 받고 나면, 한동안 우울하게 가라앉는 기분을 떨칠 수가 없게 되어 버렸다. 또 어딘가가 십중팔구 나빠져 있는 수치를 확인하게 되는 것이다. 검진을 가기 한참 전부터 초조함에 시달리고, 갔다 온 후에는 불안감에 짓눌리고, 결과가 나온 후에는 절망감에 허덕이는 햇수가 반복되고 있다. 숫자 하나에 절망하고 숫자 하나에 안도하고…. 그렇게 민감하게 반응하고 있는 내 자신을 돌아보면서, 늙어 가는 내 몸을 새삼스레 가엾이 여기게 된다.

　이런 내 만단시름에는 아랑곳하지 않는, 의사의 처방은 지극히 무심하고 야속하고 간단하다. 나이 먹어 어쩔 수 없는 것이니, 약을 먹어 고칠 것은 고치고 더 나빠지지 않도록 관리하고 해마다 체크를 잘 하라는 것이다. 한마디로 그때그때 살살 어르고 달래며 고쳐 쓰는 방법 외에는 이제 별 뾰족한 수가 없다는 뜻이다. 이에 더해 의사들이 잊지 않고 조언하는 것이 운동이다. 적어도 일주일에 세 번 정도는 30분 이상 햇볕을 쬐며 걸으라고…. 그래서 그간 이런저런 핑계를 대며 운동을 게을리했던 과거를 반성하며 열심히 걷고는 있다. 예전부터 나는 운동과는 한참 거리가 먼 사람이다. 그런데 몸이 괴로우니, 내 몸이 걱정스러우니 이제야 비로소 운동이란 것을 하게 되는 것이다. 운동이라고 해야 뭐 대단한 것도 아니다. 운동 신경이 영 형편없는 탓에 다른 것은 넘볼 주제가 못 되는 처지이고 보면, 그나마 걷기가 제일 무난한 것이다. 내 깜냥에 그래도 꾸준히 할 수 있을 것 같은 운동이 '걷기'이니 다행이지 싶다.

　얼마 전, 운동 겸 걸으러 나갔던 산책길에서 있던 일이다. 바로 내 옆에서 운동을 하고 있던 노인이 갑자기 넘어지는 사고가 있었다. 두 발을 한곳에 올리고 좌우로 움직이는, '옆 파도타기'라는 이름의 운동 기구였다. 너무 세게 움직여 무리를 했던 것인지, 아님 순간 어지러워 손을 놓쳤던 것인지, 그 일은 순식간에 일어났다. 놀란 사람들 몇몇이 달려와 부축해 일으켰지만 그 할아버지는 이미 제대로 일어설 수 없는 지경이 되어 있었다. "아휴, 조심하시지…." 다들 딱한 마음에 한마디씩 건넸지만, 나는 아무 말도 할 수 없었다. '건강해지고 싶은 마음이 크셨나 보다.' 그런 생각이 문득 들었기 때문이었다. 나 역시 그 마음을 충분히 이해할 수 있었기에.

　건강해지고 싶다는 욕심만으로 내 몸을 혹사해서는 안 된다. 다리를 튼튼히 하겠다는 일념으로 무리한 산행이나 너무 오래 걷는 일도 삼가야 하고, 근력을 키운다는 이유로 정도에 지나치게 무거운 것을 들어 버릇해서도 안 된다. 기온이 많이 내려간 겨울철이나 삼복염천에는, 무조건 밖에 나가 걸어야 한다는 강박 관념을 조금은 내려놓아도 될 일이다. 그저 지금의 내 나이를 헤아려 말썽 나지 않게 알아서 걷고 들고 움직여야 한다. 매일 내 몸에 적당한 운동을 일과로 정해 놓고 꾸준히 지킨다면 큰 문제는 없을 것이다. 아, 가끔 그마저도 오판으로 탈이 나는 경우가 왕왕 있지만 말이다. 어리석게도 오늘 내가 그랬다. 영하의 기온을 무시하고 나름 씩씩하게 걷고 온 무지한 대가로 무릎에 핫팩을 두른 채 저녁 내내 통증에 시달리고 있다.

외출할 때는 홀가분한 차림으로

　나이를 먹을수록 외출 시 차림은 간단해야 할 것 같다. 가방도 가벼워야 하고 손에 들어야 하는 짐도 가능하다면 들고 다니지 말아야 한다. 젊어서는 전혀 문제가 안 되었던 것들이다. 신고 있는 신발도 바닥이 미끄럽지 않은, 굽이 낮아 편한 것이어야 하고 들고 있는 핸드백도 무게가 나가지 않는 가벼운 재질이어야 한다. 이것저것 다 메고 들고 끌고 다니기에는, 몸에 걸치고 두른 온갖 것들을 제대로 간수하기에는 정신이 어지럽다. 잘 두었다고 여긴 물건을 못 찾아 집안 구석구석을 헤집는 횟수도 점차 늘어나고 있는 형편이고 보면, 꼼짝없이 늙었다는 것을 깨달아야 하는 것이다.
　복잡하고 밀리는 출퇴근 시간 즈음에는, 불가피한 사정이 아니라면 굳이 외출하지 않는 것도 한 방법이다. 바깥출입을 할 때는 항상 정신을 바짝 차려야 한다. 불가항력의 상황은 언제든 일어날 수 있으므로. 안전을 위해 절대로 다급하게 서두르거나, 횡단보도 등에서 급하게 뛰지 않는다. 노인이 조금 천천히 간다고 해서 누가 뭐라고 할 사람은 아무도 없다. 특히 계단을 오르내릴 때는 더 조심해야 한다. 순간에 넘어져 머리나 고관절을 다치는 경우 치명적이 될 수도 있기 때문이다. 필시 외면의 모습이 늙는 만큼 내면의 뼈도 나이에 비례에 그만큼의 나이를 먹고 있을 것이다. 이렇듯 밖에서의 주의야 당연한 얘기이겠고, 집안에서의 예기치 않은 사고도 비일비재하다. 사고란 것이 순간에 일어나는 것이기에 안팎을 막론하고 조심, 또 조심해야 하는 수밖에 달리 방도가 없는 것이다.

낙상의 문제는 비단 빙판길에서만 일어나는 것이 아니다. 내 생활 반경 내에서도 사소하게 여긴 습관으로 인해 발생할 수도 있음을 늘 염두에 두어야 한다. 만약 일이 생겨 병원 신세를 져야 할 지경으로 간다면, 그 노릇을 어찌겠는가. 내 고통은 차치하고라도 나를 간호하는 주위의 염려로 인해 서로의 마음은 또 얼마나 불편하고 힘들 것인가 말이다. 설령 다행히 회복된다고 해도 젊을 때보다는 시일이 더 걸릴 것이 자명하다. 이미 벌어진 일을 놓고 자책을 한들 더 서럽고 서러울 뿐이다. 내 몸이 더 이상 젊지 않은, 체력이 점차 떨어지는 노인의 몸이란 것을 늘 명심해야 하는 명백한 결과이다.

하이힐에 대한 미련은 일찌감치 놓아 버린 지 오래이다. 그다지 높지 않은 굽도 은근히 걱정스러울 정도로 뼈와 허리 건강이 안 좋아진 이후로는 저절로 그렇게 되어 버렸다. 조금 무겁다 싶은 핸드백은 잘 안 들게 된다. 어깨가 시원찮으니 자꾸 가벼운 것을 찾게 되는 것이다. 이제는 이런저런 물건들에까지 내 신경을 나누어 줄 여력이 없다. 내 한 몸에 집중하는 것만으로도 버거워지니 어느새 자연히 그렇게 되어 버린 것이다. 남을 의식해 멋을 내는 차림보다는 그저 내 자신이 거동하기 편안한 차림이 번거롭지 않아 마음 편하다.

그렇지 않아도 나이 들어가면서 필히 몸에 걸쳐야 하고 들어야 할, 예상외의 것들이 하나둘 생겨나고 있는데 난들 피할 도리가 있겠는가. 늙을수록 늘어나는 부속품은 무시할 수 없어 절대적이다. 안경도 끼어야 하고 돋보기도 챙겨야 하고 약봉지도 넣어야 하고 옷도 한 겹 더 껴입어야 하고 모자도 쓰고 목도리도 꼭 둘러야 하고 장갑도 껴야 하고…. 아! 이제 세월이 조금 더 흐르면 지팡이도 짚어야 할지 모르는데…. 어디 이것뿐이겠는가. 실버카(보행 보조기)까지 몰아야 하는 나이에 이르면 내 몸 자체가 짐 덩어리가 될 것이 자명하다.

어째 늙어 가면서는 젊었을 때보다 응당 차림이 홀가분해져야 할 터인데, 잊지 않고 반드시 챙겨야 할 것은 거꾸로 이래저래 더 많아지고 있다. 늙으니까 몸에 지녀야 할 필수 부속품이 많아진다고 하더니 나도 이제 조금씩 실감을 한다. 허나 어쩌랴! 그래도 늘 가벼워질 수 있도록 의식적으로 애써야 할 일이다. 몸도 마음도 그래야 이제는 견딜 수 있는 나이이므로. 자식 부양과 부모 봉양의 짐이 이제야 조금 덜어졌다 해도, 감당해야 할 내 육신의 짐은 여전하다. 도대체 인간의 삶은 늙어도 홀가분해질 수가 없다.

사족 하나. — 노인이 될수록 더 자주 씻어야 하며, 입고 벗기 쉬운 옷에 매무새도 늘 단정히 해야 한다. 깨끗하고 깔끔한 노인은 어디서나 환영받는다. 자기 몸 관리에 태만한 노인의 생활은 제 나이보다 겉늙게 하여 더 추레하게 보인다.

오직 나에게만 귀할 뿐인 물건들

집안 구석구석 정리를 하다 보면 생각지도 않았던 물건들이 툭툭 튀어나오곤 한다. 아니, 내가 언제 이런 걸 다 모아 두었지 싶은 것들을 다시 들춰 보면 나름 다 이유가 있었다. 훗날 쓸 데가 있겠지 싶어, 정말 버리기 아까워서, 혹은 기념으로 간직하고 싶어서…. 그러나 내가 이런저런 속내로 간직하고 있었던 것들이 가족들에게는 거추장스러운 물건으로 여겨질 수도 있다는 것을 예전에는 미처 몰랐다. 내가 소중하게 간수했다고 자식들도 내 마음과 똑같지는 않을 것이다. 유품으로 남겼다 할지라도, 시간이 지나면 그들의 짐에 치여 자연스레 방치될지도 모를 일. 그렇게 내 딴에는 보물처럼 끼고 살았던 자질구레한 물건들이 어쩌면 내가 떠난 후 쓰레기 취급을 받고 버려지게 될지도….

자녀들이 자라나면서 내가 마땅히 보관해야 할 그 아이들의 짐도 덩달아 늘어났다. 학교에서 만들어 온 공작품, 조그마한 손으로 그려 온 그림들, 상장들, 성적표, 아빠와 엄마에게 건넨 예쁜 카드들, 아이들의 성장 과정이 그대로 배인 사진들…. 어디 이것뿐이랴. 살림을 하는 주부이다 보니 갖가지 살림을 모아 놓은 것도 만만치가 않다. 언젠가는 요긴하게 쓰겠지 싶어 고이 쟁여 놓은 새 물건들. 딸들에게 나눠 주려고 모셔 놓은 것도 있을 것이고, 예쁜 소품들은 아까워서 마음껏 쓰지 못하는 것도 있을 터이다. 아이들 짐, 살림 짐에 나름 간직해 온 내 소싯적 짐까지 모두 꺼내 보면 아마 큰 트럭 이삿짐에 충분히 한 몫하고도 남을 양이 될 것이다.

그러나 이 모든 것이 오직 나에게만 귀할 뿐인 물건들일지도 모른다는 생각이, 어느 날 문득 깨달음같이 내 마음속에 들어왔다. 훗날 내가 이 세상에 없을 때를 떠올리니 아찔해졌다. 내가 애지중지 끼고 앉았던 과거의 부산물들은 분명 남겨진 가족들이 여러 날 낑낑대며 힘들게 정리해야 할 것이다. 하나부터 열까지 일일이 버리고 추리느라 그들의 소중한 시간과 기운을 낭비하게 될 것이 눈에 선하다. 그러다 지치면 아마 이런 생각들을 하게 되지 않을까. "아니, 왜 엄마는 쓸데없이 이런 걸 다 가지고 계셨을까?" "도대체 왜, 왜?" "아휴! 좀 버리면서 사실 것이지." 살림을 위해(?) 알뜰살뜰 아끼고 챙겼던 내 노력이 의미 없이 초라해지는, 이런 말은 최소한 듣지 말아야겠다 싶은 것이다. 나 좋다고 모아 온 잡동사니 물건들 때문에 누군가를 고생시키는 민폐는 절대 피해야 한다.

노인들은 살아온 세월만큼 모아 온 물건들도 많을 수밖에 없다. 그러나 이제는 언제 떠날지 모르기에 시간이 날 때마다 정리를 거듭해야만 한다. 뭐라도 흔적으로 남기고 가야 한다는 강박감도 떨쳐 버리자. 너무 오래된 구닥다리 물건은 내 손으로 직접 버려야 한다. 내가 떠난 후 가족들이 꼭 봐야 할 귀중한 무언가가 있다면 눈에 잘 띄는 곳에 보관하자. 새 것으로 자꾸 채우기보다는 있던 것을 자주 버려야 하는 나이에 이르렀다는 것을 결코 잊어서는 안 된다. 그렇게 이 세상과 이별할 때까지 내가 쓰던 물품들을 조금씩 줄여나가는 것이 노년의 지혜이며 응당 그리해야 할 책임인 것이다.

혹 나눌 수 있는 것이 있다면 즉각 시행할 일이다. 아끼고 아끼느라 '나 죽은 다음에 가져가라.' 하는 것보다는 내가 살아서 내 손으로 나누는 일이 더 의미가 있다. 죽은 사람의 물건을 거리낌 없이 좋아하는 이는 별로 없다. 서로의 사정으로 인해 주고 싶어도 줄 수 없을 때가 오기 전에, 내가 먼저 내 마음을 나누듯이 내 물건을 나누는 일도 나름의 가치가 있는 일일 것이다. 오래된 내 물건을 누군가가 갖고 싶어 한다는 그 자체가 어쩌면 고마운 일이 아닐까도 싶다.

열정으로 모아 왔던 애장품일지라도 버릴 때는 냉정해야 한다. 나에게 소중한 물건이라고 타인에게도 똑같이 소중한 것은 결코 아닐진대. 한번 버린 것을 미련 때문에 다시 주워 오는 집착증 역시 과감하게 잘라내자. 더하여 괜히 새 것을 잔뜩 남겨 놓고 가서 남겨진 자식의 마음을 미어지게 하진 말 일이다. 당장 오늘부터, 하루에 하나씩 버리는 훈련을 하는 것은 어떨까? 나이가 들어갈수록 미니멀 라이프는 필수적이다. 옷과 책 그리고 살림살이 등을 조금씩 줄이면서 그렇게 점차 삶의 규모를 축소시켜야 한다. 내 나이가 잘 감당하고 관리할 수 있는 적정 규모로 만들어 나가는 것. 어쩌면 그것이 노인이 되는 첫걸음인지도 모르겠다.

긍정과 부정의 반반 비율

우리는 이제껏 '긍정적인 생각'에 무조건 한 표를 던지면서 생활해 왔다. 긍정적인 생각이 좋은 결과를 가져온다는 고정관념은 어지간해서는 무너지지 않는 철옹성 같은 진리였다. 그래서 가능하면 부정적인 사람을 의식적으로 피하고 긍정적인 사람을 선호하게 되었는지도 모른다. 생각도 사상도 전염이 되는 것이라는 생각에 자연스럽게 그렇게 되었을 것이다.

'긍정적.' ─ 좋은 말이다. 매사에 삐딱해서 만사를 비틀어 생각하거나, 유독 남들의 안 좋은 면만 강조해서 비난의 말투로 일관하는 사람 곁에는 가기 싫은 것이 인지상정이다. 징징대거나 푸념을 해서 좋은 점은 단 한 가지도 없다는 것을 어느 누구나 이미 잘 알고 있기에 '부정적'인 사고는 환영받지 못한다. 내 몸이 내 마음 같지 않아지는 노년들에게는 더 명심해야 할 덕목이다. 그래서 나이가 들어갈수록 의식적으로 더 명랑하게 행동해야 한다고 말하는 것이다.

그러나 나이 듦에 따라 이런 생각도 어느 정도의 수정은 필요할 것 같다. 몸은 노쇠해 가는데, 여전히 젊은이 같은 생각으로 산다는 것은 좀 볼썽사납다. 아직도 무엇이든지 가능한 나이로 착각해 무리를 하는 사람들을 보면 딱하고 안쓰럽다는 생각이 든다. 아무리 발버둥을 쳐도 물리적인 나이는 어쩔 수 없는 것이다. 비록 심리적인 나이가 젊다 해도 몸은 마음을 이기지 못할 것이 뻔하기에 하는 말이다. 그저 나이에 걸맞게 적당히 긍정적이고 일정 부분에 대해서는 적당히 부정적인 생각을 하며 살아야 옳을 것 같다. '나는 할 수 있다.'라든가 '하면 된다.'는, 이런 말들은 서글프지만 더 이상 노년에게 해당되는 말은 아닌 듯하다. 잘 죽기 위해서 '웰다잉well-dying'을 궁리해야 할 나이에 생전 안 죽을 것 같은, 지나치게 긍정적인 자세는 삶을 더 고달프고 힘들게 만들 뿐이다.

단, 부정적인 생각으로 공격적이지는 말아야 할 것이다. 노인들에게서 흔히 볼 수 있는 고집스런 모습, 내가 무조건 옳다고 외곬으로 생각하는 자세는 버려야 한다. 어쩌면 이제껏 살아오면서 갖게 된 고착 관념에서 과감하게 탈피하려는 자각과 용기가 필요하게 될지도 모른다. 나이 들수록 내 기억력에 대한 맹신적인 자신감은 위험천만이다. 나는 노인이니까 특별하게 여겨달라는 딱한 표정이나 변명, 어쭙잖은 태도도 썩 바람직하지 못하다. 노인으로서 무조건 대접만 받으려는 생각, 그것은 부끄러운 자만이요 비례非禮이다.

 어떤 상황에서도 연장자로서 먼저 베푼다는 긍정의 50% 비율 또한 반드시 유지해야 한다. 단지 어른이 아닌 어르신으로 인정받기 위해서는, 남은 생의 명심보감明心寶鑑으로 긍정과 부정의 마음을 지혜롭게 적절히 조율하며 살 일이다. 세상만사 판단 기준의 단순한 옳고 그름에 크게 신경 쓰지 않는…. 고요한 마음으로 사물을 너그럽게 용납하여 헤아리는 도량은, 어쩌면 노인들만이 가질 수 있는 특별한 권리인지도 모른다.

반려동물을 키우려면 사랑으로

　반려견, 반려묘의 숫자가 늘어나고 있다. 특히 노인들이 외로움을 달래기 위해 키우는 반려동물은 주위에서도 어렵지 않게 만날 수 있다. 사람이 정서적으로 의지하고자 가까이 두고 기르는 동물이라는 의미에서 볼 때, 어쩌면 가족과 같은 존재일지도 모른다. 사람과 더불어 사는 동물, 짝이 되는 동무라는 뜻에 견, 묘를 붙여 반려동물로 부르는 것을 그냥 허투루 생각해서는 안 된다. 이 동물들은 같은 공간에서 같은 시간을 보내며 보호자와 깊은 동질감을 느끼는 소중한 생명들이기 때문이다.

　그러기에 반려동물을 입양한 사람이나 그 가정에 들어온 반려동물이나, 서로가 서로를 위안의 대상으로 여겨 감정을 공유하는 건 같은 입장일 것이다. 이른바 '상호적 감정 교류'이다. 그러니 물건과 동일시하여 소유의 개념으로만 그들을 대한다면 그건 정말 위험한 생각이다. 반려伴侶는 동반자로서의 뜻을 가진다. 그들의 가치를 인정하여 '키우는 존재'가 아닌 '같이 살아가는 존재'로 여겨 책임감 있게 배려해야 한다.

특히 노인들이 반려동물을 집으로 들이기 전에, 내가 잘 돌볼 자신이 있는지 스스로에게 반드시 물어볼 필요가 있지 싶다. 왜냐하면 반려동물을 키운다고 하면서 제대로 보살피지 못하고 있는 사람들을 의의로 많이 보고 있기 때문이다. 제 한 몸 건사하기도 버거운 노인들이, 단지 적적하고 외롭다는 이유 하나만으로 그들을 자식처럼 키운다는데…. 과연 그들을 똑바로 거둘 수 있을지 의문이다. 자식 대신이라면 응당 자식으로 대해야 한다. 씻기고 먹이고 놀아 주고 아프면 병원에 데려가 치료해 줘야 한다. 불행히도 그들이 먼저 무지개다리를 건너면 그 마무리까지 마땅히 해 주어야 하는 것이다. 말 못하는 짐승이라고 대충대충 놔둘 수는 없다. 나 역시 나날이 늙어 가는데, 그런 일련의 과정들을 무리 없이 다 해낼 수 있을 것인가. 냉정하게 판단해 볼 일이다. 서로를 위해 정성껏 돌볼 수 없는 동물은, 아예 처음부터 기르지 않는 편이 더 낫다.

사람이건 짐승이건, 누군가를 키우거나 돌본다는 것은 보통 일이 아니다. 그것도 사랑을 듬뿍 주며 보살핀다는 것은 더더욱 어려운 법이다. 그리 키울 자신이 없다면, 반려동물을 위해 내 시간과 물질과 수고와 희생을 할 각오가 없다면 애초에 생각하지도 말아야 한다. 사람이 아닌 그저 동물을 키울 뿐이라고, 사람 마음대로 동물을 함부로 평가 절하해서는 절대 안 될 일이다. 그들도 사람과 똑같이 아픔을 느끼는, 생로병사를 겪는 생명체이다. 그러기에 애완견이 아닌 반려견으로 곁에 두어, 가족처럼 평생 거두는 일은 내 마음처럼 결코 쉽지 않다. 동물들도 사람처럼 '불안 심리'를 느낀다고 한다. 사람의 변덕스런 이기심으로, 달면 삼키고 쓰면 뱉는 식의 사고는 천부당만부당이다. 주인의 외로움을 덜어 주려고 온 개가 되레 자신이 낑낑대며 외로움에 떨고 있는 모습은 가슴 아프다.

  언젠간 닥쳐올 서로 간에 맞닥뜨려야 할 이별은 정녕 힘들 것이다. 그래서 반려동물을 일부러 피하는 노인들도 있다고 들었다. 반려동물이 먼저 세상을 뜨거나 혹은 내가 먼저 이승을 등지거나 하는 상황을 상상하며 그 빈자리의 아픔을 미리 앞당겨 겪고 있는 것이다. 그러나 반려동물을 정말 키우고 싶은데 지레 겁을 먹고 망설이는 이런 사람들이 있다면, 조금은 다른 생각을 해 보는 건 어떨까 싶다. 함께했던 행복…. 그건 긴 세월을 살아온 우리가 이미 잘 알고 있지 않은가. 내 생애 반려동물을 진정 가족으로 생각하며 살았다면, 아마 그 상실의 아픔은 충분히 견디어 낼 수 있을 정도의 소중하고 찬란한 기억으로 치유될 수 있으리라 믿는다. 서로 충분히 교감했고 이해했고 사랑하며 함께 살아왔던 존재였다면, 만날 수 있었던 인연에 감사하면서 그 그리움까지도 감수할 수 있지 않을까 싶다.

인생의 항체는 지금도 진행 중

　세상에 태어나 단 한 사람도 불행을 맛보지 않은 사람은 없을 것이다. 인간으로 태어났다는 그 자체가 고통이므로. 인생의 오미五味는 숙명이다. 시고 쓰고 맵고 달고 짜고…. 지나온 시절을 잠시만 되돌아보면 그것은 분명해진다. 인간사 희로애락 오욕칠정은 고해이며 고역이다. 누구나 행복하게 살기를 꿈꾼다. 허나 그것은 애잔한 환상이었다. 사막에서 오아시스를 찾아 헤매는 신기루 같은 것이었다. '인생 백 년에 고락苦樂이 상반上半이라.' 는 속담이 있다. 인생살이에 괴로운 일과 좋은 일이 반반임을 이르는 말이다. 그런데 유독 슬픔만이 더 오래 기억되고 더 아프게 느껴지는 것은 왜일까. 혹 행복의 감사를 모르고 그냥 무심히 스쳐 지나가곤 했던 것이 원인이었는지 모르겠다. 으레 그런 것으로 여겨 예의 없이 받곤 했던 그 수많은 시간들이 오롯한 행복이었던 것을.

　이제는 살 만큼 살았다고 여기는 만년의 나이에 이르렀다고 해서 슬픔 역시 주춤하지는 않는다. 어쩌면 내 생이 끝나는 날까지 끈질기게 내 옆에 따라붙을 것이다. 괴로움이 절반이라는 자기 몫을 제대로 채워야 하므로. 그러기에 우리는 인생의 항체를 만드는 일에 잠시도 게을러서는 안 된다. 젊어서는 고난이 닥쳐오면 그래도 비교적 그것에 대항하기가 수월했다. 그만큼 튼튼한 체력과 정신력이 감당해 줬기 때문이다. 그러나 늙어 가면서는 다른 방법을 강구해야 한다. 혼자 힘으로는 어림도 없다. 이럴 때 대부분의 사람들은 신앙을 갖기 원한다. 인간은 누구나 종교성을 가지고 있단다. 다양한 사람이 다양한 믿음을 가지고 있을 터, 그것이 어떤 종교이건 간에 의지 가지를 확실히 갖고 있다는 것은 든든하다. 세상은 지치지도 않는지 끊임없이 나에게 항원만을 주지만 내 마음의 절대자는 버틸 수 있는 항체를 주실 것이기에.

　행복할 때는 당연한 감사를, 슬플 때도 여전히 감사를 하는 일, 그것이 항체를 만드는 지름길이다. "내 힘으로만 견디게 하지 마시고 내 짐을 맡아 주십시오." 그렇게 기도하는 일. 나이 들어갈수록 내 힘으로 해결할 수 없는 일이 점점 더 늘어나기 마련이다. 특히 슬픈 일을 당했을 때, 고통스러운 문제에 당면했을 때, 몸이 너무 아파 힘들 때…. 내 일이지만 안타깝게도 내가 다 해결할 수는 없다. 그때는 신앙의 힘에 의지해 보라.

분명 시나브로 다시 일어설 수 있는 삶의 활력소가 되어 단단한 항체가 만들어질 것이다. 그렇게 되면 그래도 조금은 수월하게 그 고비를 넘기게 되지 않을까. 내가 믿는 믿음이 어떤 믿음이건 간에 그것에 마음과 시간을 쏟아 부으면 그에 걸맞은 위로와 평안을 분명 얻을 수 있기 때문이다.

'이것 또한 지나가리라.' — 삶이 황혼에 기우는 이즈음에 되새김하는 이 말은 정말 진리이다. 나이가 들고 보니 정말 그렇다. 그 긴 시간을 살아 내면서 분명 내면 어딘가는 조금이나마 고통에 단련되었을 것이고 조금이나마 상처에 무뎌해져 있을 것이다. 예기치 않은 일들과 뜻밖의 충격에는 그런대로 버틸 오기가 나도 모르게 생겨 있기를 바라는 마음이 크다. 기쁘다고 설레발치지 않고 슬프다고 주저앉지 않는 연륜. 그것은 여러 해 동안의 온갖 경험으로 이루어진, 숙련의 정도에 따라 다를 것이다. 아무리 좋고 행복했던 순간도 어김없이 지나가고 영원히 계속될 것만 같았던 아픔과 슬픔도 차차로 지나간다. 그렇게 공평하게 우리의 희로애락은 일희일비를 반복하며 무심히 흘러간다. 그것이 인생이다.

이제 나이 들어 나에게 닥칠 최악의 상황은 딱 한 가지이다. 걸리적거리며 인생을 방해했던 별의별 장애물들을 아등바등 치우며 애면글면 애써서 다다른 지금, 최후에 남은 가장 나쁜 일은 '죽을 일'밖에 없음이 한편으론 안심이 되기도 한다. 이것도 분명 인생의 항체 덕분일 게다.

화양연화—꽃 같던 시절의 빛

제2부

지금은 행복해도 될 즈음

"건강을 해치며 평생 돈만 모으다가, 말년에는 그 건강을 찾기 위해 모아 놓은 돈을 다 쓴다."라는 말을 들어 본 적이 있는지. 나는 솔직히 이 글을 처음 접했을 때 가슴이 철렁했었다. 그렇다고 내가 돈을 모으려는 일념으로 죽어라고 일만 했던 사람이라는 얘기는 결코 아니다. 우리 주위의 많은 이들이 아직도 이렇게 살고 있음을 잘 알고 있기에 하는 말이다. 뭔가 계획한 것들을 다 이룰 때까지, 자신이 또는 사회가 정해 놓은 어떤 조건이 행복이라는 결론에 부합될 때까지 그것에 전력투구하며 애쓰는 나날들. 소소한 일상의 행복은 당장의 우선순위에 밀려 저만치 뒤처져 있는 것이 안타까울 뿐이다.

그러나 단연코 '언젠가 올 행복'이란 것은 존재하지 않는다. 아마 반세기 이상의 삶을 살아 본 사람들은 이 말에 공감하리라 믿는다. 행복은 저 언덕 너머에서 나를 느긋하게 기다리고 있지 않다. 돈을 더 모으면 과연 행복할까? 자녀들을 다 출가시키고 나면, 그때는 정말 내가 행복해질까? 이 일만 잘 성사되면 모든 것이 일사천리 승승장구일까? 계획대로 많은 액수의 돈이 다 모여도, 아들딸을 다 독립시켜도, 하고자 하던 일이 다행히 잘 풀려도, 또 다른 단계의 해야 할 일은 응당 뒤따르기 마련이다. 그때가 되면 또 다른 이유로 갖은 조건을 앞세워 부득불 행복을 잠시 뒤로 밀어 두게 될지도 모를 일이다. 아니 그렇게 할 것이 분명하다.

행복은 눈에 보이지도 만져지지도 않는다. 그러기에 크기도 부피도 무게도 없다. 행복은 형체가 있는 물질이 아니다. 그냥 느끼는 것이다. 만약 누군가가 그대에게 행복하냐고 묻는다면, 당신은 무엇으로 그 행복을 증명해 보일 수 있을까? 짐작건대 그대 역시 많이 이룬 것으로, 많이 가진 소유물로서 '이만큼'이라고 단언하지는 않을 것이다. 행복은 줄자로 길이를 측정하는, 저울로 무게를 잴 수 있는, 그렇게 딱 떨어지는 수치로 계산되는 것이 아니다. 그것은 마음이 만끽하는 '감정'이며 '가치'인 것이다.

행복을 준비하는 일만큼 어리석은 것은 없다. 그렇다고 행복을 위한 노력 자체를 폄하하는 것은 결코 아니다. 다만 미래를 위한 현재의 무조건적인 희생이 과연 훗날에도 나 자신을 위한 것이 될지는 곰곰이 생각해 볼 일이다. 하루 일을 끝낸 잠자리에 아무 근심 없이 두 발 편히 뻗고 잠들 수 있는 것이 진정한 행복일진대. 누군가는 그러더라. 행복은 '현관에 놓인 흔들의자에 앉기'라고. 아, 그곳이 비바람을 피할 수 있는 포치 porch라도 좋고, 뷰view가 끝내주는(?) 테라스라면 더더욱 금상첨화일 것이다. 빚 걱정, 공과금 걱정, 자식 걱정…. 산다는 일에 도통 안심이 되지 않아 무수히 속을 태웠던 날들. 마음에 맺힌 것도 없고 마음에 걸리는 것도 없는 개운한 만족감. 생활의 속박과 생존의 굴레에서 해방되어 느긋한 마음으로 등받이에 기대어 흔들어 보는 의자. 그래, 그런 게 정녕 행복의 느낌이지 싶기도 하다.

이제는 이런저런 삶의 무게에서 벗어나 행복에 이르기 위한 첫걸음을 과감하게 떼어 보는 것은 어떠실지. 연年이나 월月 단위로 세웠던 행복해지기 프로젝트를 일日 단위로 좁혀 이행할 일이다. 아직도 나름 세웠던 행복의 조건에는 한참 미치지 못한다 할지라도. 세상은 여전히 만만치 않고 인생에 공평한 건 절대 없다 하니…. 내가 원하는 내 행복의 실체는 스스로 찾아내야 하지 않을까. 막연한 행복을 좇는 군중 심리에 휩쓸려, 마음에 확실한 줏대도 없이 심무소주心無所主하는 것은 물색없는 짓이므로.

어쩌면 행복은 우리가 애써 찾아야 하는 것이 아닐지도 모른다. 원근각처 사방팔방으로 헤매고 다니는 모습들이 안타까워 이미 행복은 우리를 위해 진즉부터 살며시 곁에 와 있던 것일지도. 그러니 끝내 그 행복을 알아채지 못한다면, 행복은 기다리다 제풀에 지쳐 허망하게 사라질지도 모를 일이다. 깊이 공감되어 메모해 두었던 글귀 하나. ─ "노년의 평화는 젊어서 전쟁 같은 삶을 살아온 결과이다. 전쟁을 겪은 사람들만이 그것이 평화라는 걸 안다." 아! 이런 평화로움이 진정 황혼 즈음에 맛보는 자존감 있는 행복이 아닐까.

품위 있게 죽고 싶다

품위 있게 산다는 게 과연 어떤 것인지는 각자 삶의 가치관에 따라 달라지겠지만…. 나 역시 품위 있게 살고 싶은 간절한 열망이 있었으니, 이제껏 엉터리로 마구 살지 않았음은 분명하다. 세월이 유수와 같아 어느새 환갑이 훌쩍 지난 나이로 살고 있다. 내가 품위 있게 살 수 있는 시간은 아쉽게도 이제 얼마 남지 않았다. 바라건대, 그저 나의 지난 세월이 남들이 보기에 추하지 않았다면 그것으로 만족할 일이다.

품위 있게 죽고 싶다. 이것이 내 남은 삶의 '웰빙well-being' 목표이다. 왜 웰다잉well-dying이 아니고 웰빙이냐고? 죽음과 삶은 별개의 것이 아닌, '죽음도 삶의 일부'라고 생각하기 때문이다. 그래서 품위 있게 산다는 것은 품위 있게 죽고 싶다는 것까지도 포함한다. 누구나 육신의 고통 없이 우아하게 생을 마감하고 싶어 한다. 노화로 인한 죽음이 가까이 다가올수록 그 염원은 더 절절해져, 잠이 든 상태에서 평안히 데려가 주시기를 기도하게 되는 것이다.

보다 나은 삶을 위해 치열하게 노력했던 것처럼 품위 있는 죽음 역시 찬찬히 준비함이 필요하다. 이른바 '품위 있게 죽을 권리, 존엄을 유지할 수 있는 권리'에 대해 더 이상 외면하지 말고 대면해야 한다는 얘기이다. 그 어느 누구도 자신의 마지막이 언제일지에 대해 전혀 알지 못하므로.

'사전연명의료의향서'와 '사전장례의향서'를 미리 작성해 놓는 것이 필요하다. 오래전에, 이런 것들이 있는 건 알고는 있었다. 그러나 '언젠가는 필요하겠지.' 막연히 여겼던 것들인지라 당시에는 그리 심각하게 다가오지는 않았었다. 그간 남편과 이런 주제를 놓고 간간이 이야기를 나누곤 했었다. 이제는 우리의 생각들을 말뿐만이 아닌, 서류로 확실하게 남겨야 할 시점에 이르지 않았나 싶다.

할머니, 할아버지의 자리는 선물

나는 할머니가 되었다는 사실이 참 감사하고 정말 좋다. 제주에서 올레길을 걸을 때였다. 바닷가에 옹기종기 모여 놀고 있는 아이들이 보여 그쪽으로 다가갔다. 대여섯 명의 꼬마들이 구멍 숭숭 뚫린 검은 바위틈에서 뭔가를 잔뜩 잡아 돌 위에 펼쳐 놓고 구경을 하고 있었다. 나도 걔들 곁에 잠깐 쪼그리고 앉아 같이 보고 있었다. 머리를 박고 한참을 보고 있던 한 아이가, 꿈틀거리는 하나를 손가락으로 가리키며 대뜸 나에게 이렇게 묻는 것이었다. "할머니, 할머니…. 이게 뭐예요?" 아주 아무렇지도 않게 마치 자기 할머니에게 말하듯이 말이다.

'할머니'라는 말…. 그 단어를 직접 들어 보기는 생전 처음이었다. 가슴이 '콩' 하고 가볍게 울렸다. 정수리에서 시작해 발끝까지 순간에 흘렀던 환희의 전율. 기분이 묘하게 짜릿했다. 나도 모르게 그 순간 옆에 있는 남편을 쳐다보았나 보다. 남편도 그 말을 들었는지 나를 보고 빙긋이 웃고 있었다. 기분이 언짢았느냐? 아니다. 오히려 좋았다. 참 이상했다. 할머니라는 말이 그렇게 신선하게 들리다니. 아, 저 어린아이들이 지극히 객관적으로 바라보는 내 모습이…. 이제 꼼짝없이 할머니가 되었구나. 할머니로 보였다는 것은 이제 노인이 되었다는 의미일진대. 아이들의 눈은 정말 정직하고 정확하다고 하지 않던가. 그날 남은 올레길을 걸으면서 내내 생각했다. 정녕 내가 노인이 되었다 해도…. 이건 참 감사한 일이다. 할머니라는 소리를 들을 때까지 잘 살아온 것은 하늘의 축복이다. 이제 내게도 '할머니'라고 계속 불러 줄 손자가 태어났으니, 나는 그 말을 들을 때마다 또 얼마나 감사하고 설렐는지.

딸이 또래보다 일찍 결혼을 해서 아이를 빨리 가진, 한 친구가 있다. 그러니 자연스럽게 내 친구는 비교적 젊은 나이에 할머니 소리를 듣게 된 것이다. 그 친구가 딸의 임신 소식을 내게 전하면서 했던 말. "아휴~. 내가 벌써 할머니 소리를 듣게 됐어. 걔가 나를 할머니로 만들어 버렸네. 세상에, 이걸 어쩌냐?" 나는 안다. 비록 친구가 말은 그렇게 했지만, 새 생명의 잉태를 얼마나 기뻐하고 감사하게 여기고 있는지를. 그 친구는 전혀 할머니 같지 않은, 여전히 고운 모습의 젊은 할머니로 예쁜 손녀의 재롱에 행복해하고 있다. 내심은 어떨지 모르지만, '할머니'라는 호칭에 많이 익숙해진 모습으로 말이다.

할머니, 할아버지는 결코 공짜로 되는 것이 아닌 듯하다. 그동안의 삶을 잘 꾸려 왔다고, 각자에게 주어진 몫을 그런대로 잘 감당했다고 하늘에서 내려 주시는 상급 같은 것이 아닐까 생각하곤 한다. 고사리같이 앙증맞은 손으로 내 손을 꼬옥 잡고, 앵두 같은 입술 사이로 '할머니'라고 소리 내어 불러 주는 어린 생명이 내게로 왔다는 것은 분명 놀라운 선물이다. 그래서 할머니가 된다는 것은 참 감사하고 거듭 감사한 사건임에 틀림없다. 내가 이렇게 할머니가 되기까지 무사히 잘 살아왔다는, 무엇보다 확실한 증거이지 않은가.

'할머니'라는 단어는 들으면 들을수록 정말 흐뭇하고 감사해지는 마법 같은 말이다. 이제 손자는 우리에게, 우리는 또 손자에게 각자가 가진 가장 좋은 느낌들을 나누며 살게 될 것이다. 서로의 인생에 도움이 될 수 있는 부요함과 즐거운 순간들을 아낌없이 선사하면서 말이다. 누군가의 존재가 내가 행복할 수 있는 원동력이 되고 나 또한 누군가의 행복이 될 수 있다는 건 아주 황홀한 일일 것이므로.

친구가 많다고 무조건 좋지는 않다

    나이 들어갈수록 모든 것을 덜어 내며 사는 방식이 필요하다. 물리적인 물건은 당연지사이고 심적으로 부담이 가는 그 어떤 것이 있다면 그것 역시 정리가 필요한 것이다. 생활의 미니멀리즘은 노년의 필수 조건이다. 혹자는 반문할지도 모르겠다. '늙을수록 외로워지는데, 친구는 많으면 많을수록 좋은 것 아니냐?'고. 인간관계의 안목은 아무래도 젊었을 때보다는 나이를 먹어 가면서 더 선명해지는 법이다. 과거에 씁쓸하게 거듭했던 시행착오의 결과로서, 사람 보는 눈 하나 정도는 그래도 어지간히 갖게 되지 않았을까.
    지금 당장, 그대 휴대폰 연락처에 저장되어 있는 지인들의 명단을 훑어 보라. 그들이 정말 나와 떼려야 뗄 수 없는 끈끈한 정으로 묶인 관계인가? 아님 단지 관계 단절이 두려워 수정도 못하고 삭제도 못하는 그저 그런 집착에 불과한 것은 아닌지? 혹시 큰 의미 없는 단순한 과시용 인맥 늘리기? 그것도 아니면 이름을 지운다는 게 괜히 미안해서? 냉철한 판단에 의거해 이도 저도 아닌 사회 관계망의 뭇사람들은 정리해도 무방하다. 믿을게, 믿는다, 믿어 줘…. 이런 말들이 굳이 오가지 않더라도 어느 정도의 신뢰로 다져진 관계가 아니라고 판단되면 미련을 남기지 않고 지운다. 옷깃만 스쳐도 인연이 되던 시절은 젊은 날로 족하다.

 사람과의 관계 때문에 행복한 날들이 있는가 하면, 바로 그 사람과의 관계로 인해 어려움을 겪는 것이 인간사이다. 누구나 젊었던 시절에는 인맥이 중요했었다. 실질적이고 정서적인 인맥에 따라 어쩌면 생존, 의지, 성공까지도 했을지 모르겠다. 그 인맥이란 것이 이익을 주고받는 자본주의 사회에서의 필수 조건임을 부인할 수는 없지 않은가.

 그러나 거미줄과 같은 복잡한 관계 속에서 종종 느끼곤 했던 무의미함과 권태는 피로에 지쳐 때때로 회의에 빠지게도 했었다. 그러니 벌이를 할 수 있는 방도로서의 끈이 아니라면, 경제적인 일에 손을 놓은 노년의 나이에 이르러서까지 굳이 인맥 늘리기에 몰두할 필요는 없지 싶다. 돈독하고 긴밀한 관계라는 미명 아래, 버거운 인맥 관리를 위해 아까운 시간과 물질과 마음을 소비할 가치가 있는지는 자문해 볼 필요가 있다.

 자신하건대, 얄팍한 인맥을 정리하고 나면 비로소 내 사람들이 보이기 시작할 것이다. 갖가지 유무형有無形의 이해관계를 초월한 그런 사람들. 온전한 사랑과 진솔한 우정과 겸손한 배려에 근거한, 세월에 숙성된 사람들과의 교제는 늙어 가는 생의 활력소이다. 설령 소수의 친구, 단출한 이웃 몇몇만이 남는다 해도, 그는 행복한 사람이다. 어차피 인간은 결국 홀로이다. 같이 어울려 있어도 외로움을 타는 존재가 인간이다. 손가락으로 꼽을 정도의 적은 숫자라 해도 좋은 이들을 내 곁에 둘 수 있다면, 그것만으로도 참 감사한 일이다. 멀리 있어 비록 무소식이 희소식이라 할지라도, 서로의 마음을 헤아리는 교분이 이어지는 한 그 인연은 각별할 것이기에. 이제 늘그막의 인맥은 무조건 저장하여 채우기보다는 수정하며 정리하여 비우기이다.

이제는 꼼짝없이 혼자서도 잘 살아가는 방법을 터득해야 할 황혼이다. 늙어서까지 사람살이에 휩쓸려, 속내를 감춘 채 줏대 없이 이리저리 끌려다니는 것은 안타까운 일이다. 인간관계는 얽히고설킬수록 복잡해지고 그에 따른 문제로 인한 마음앓이로 피곤해진다. 다들 소속감, 유대감이 중요하다고는 하지만 실상은 본의 아니게 날카로운 상처도 주고받는다. 어쩌면 무의식적으로 작용하는 관계의 산술算術 탓인지도 모를 일이지만…. 각자의 성향과 취향에 따라 대인 관계의 폭 역시 차이가 있겠지만, 그래도 무조건 넓은 것만이 능사는 아닐 것이다. 그로 인한 감정의 소진함은 어느새 스트레스로 쌓여 그예 내 정신 건강을 위협할지도 모를 일이니 말이다.

나를 위해 여는 지갑

이생에서의 삶을 마감하는 많은 이들이 이구동성으로 말하는 단어는, 다름 아닌 '후회'이다. 오로지 가족만을 위해 죽도록 일하고 내 자신의 삶을 위해서는 많은 것을 보류했었던, 과오 아닌 과오를 뼈저리게 느끼게 되는 것이다. 그런데 그 시점이 어이없게도 죽음을 가까이 두고 있는 바로 그때라는 것. 뉘우쳐 본들 어쩔 수 없는, 시간도 여력도 건강도 그 무엇도 여의치 않은 바로 그즈음에 말이다. 모든 것이 만족스러워 마음에 흡족한 삶을 산 사람이 아주 없지는 않겠지만, 그래도 평범한 대다수의 인생들은 지나온 길에 이런저런 여한이 깔리기 마련이다.

요즘은 자신을 위한 라이프 스타일이 유행이란다. 젊은이들은 '욜로YOLO'를 외치고 나이 든 이들은 '쓰죽'을 외친단다.

'쓰죽'이 뭐냐고? 한마디로 '쓰고 죽자.'이다. 아등바등 애면글면 가족을 위해, 자식을 위해 전전긍긍 모았던 돈들을 이제부터는 나를 위해 쓰겠다는 것이다. 내가 떠나고 나면 남겨질 자식들을 위해 한 푼 두 푼 모으려는 부모의 마음은 누구나 다 마찬가지이다. 그게 인지상정이겠으나, 그 정에서 조금은 벗어나고자 하는 움직임들이 시니어들 사이에서 감지되고 있단다.

모아 둔 재산이 많든 적든 간에 저마다 열심히 일했다. 그 성과가 어찌 되었든 그것만으로 족하다. 나태하지 않고 부지런하게 사치하지 않고 검박하게 살아왔다. 그러니 지금은 그 대가를 내가 나 자신에게 계산해야 할 때이다. 행여 내 노고를 자식들에게 인정해 달라고 강요해서는 결코 안 될 일이다. 자식에게 내 노후를 부탁하지 않고 끝까지 자존감을 지키며 인생을 평안하게 마감할 수 있는 길이 있다면, 그 어느 누가 마다하랴.

그렇다면 이제라도 나를 위해 기꺼이 지갑을 열어야 한다. 내가 최우선임을 명심해야 한다. 혹자는 냉정하다 하겠지만 엄밀히 따지면 내가 우선 행복해야 자식도 행복해지는 것이 아닐까. 그러니 내 인생의 즐거움을 얻고 싶다면, 내가 번 돈을 아까워하지 않고 흔쾌히 써야 하는 것이다. 돈이 무서워서 선뜻 하지 못했던, 가족을 위해 무조건 아껴 써야만 했던 강박감에서 벗어나 이제는 나를 돌아보는 측은지심이 필요하다. 자식에게 물려줄 돈을 위해 전력 질주하던 고단함은 멈추고, 그 고단함을 잘 견뎌 낸 내 자신에게도 선물을 주어야 할 노년이다. 아마 제대로 된 자식들이라면, 이런 부모를 충분히 이해할 수 있을 거라 믿는다. 아니, 오히려 그런 부모를 자식들은 응원해 줘야 한다. 오로지 자식만을 위해 끝까지 모든 것을 희생하려는 부모보다는, 당신들 인생을 후회 없이 즐기고 행복하려고 노력하는 부모가 자식 입장에서는 덜 부담스럽지 않을까 싶다.

여행도 맘껏 하고 사회봉사도 하고 재능 기부도 하자. 무엇보다도 내가 가진 돈은 나를 위해 쓴다는 마음가짐이 필요하다. 나를 위해 쓴다는 것은 오로지 나만의 부귀영화(?)를 위해 욕심 사납게 쓰겠다는 좁은 의미가 아니다. 내가 마음 내키는, 내가 하고 싶은 의미 있는 일에 내가 가진 유형무형의 재산을 기꺼이 쓰겠다는 뜻도 포함되어 있다. 인생은 단 한 번이다. 그 한 번의 기회가 후회로 점철되는, 어리석은 짓을 해서는 절대 안 될 일이다. "난 참 바보처럼 살았군요!" 이런 독백은 대중가요의 가사로 족하다.

시든 꽃이 아닌 마른 꽃으로

　시든 꽃과 마른 꽃의 차이는? 글쎄, 그게 오십보백보이지 않을까? 어쩌면 꽃으로서 본연의 기능을 다했다는 공통된 관점에서 본다면 둘은 같을 것이나, 엄밀하게 따져보면 약간의 수분 차이는 있을 수 있겠다. 허나 설령 적절한 습도를 아직 유지하고 있다 할지라도, 맥없이 축 처져 고개 숙인 꽃은 이미 향기를 상실해서 사람들의 시선에서 벗어난 지 오래이다. 혹 잔향이 남아 있다 할지라도 이미 그것은 좋은 냄새라고는 할 수 없다.
　그러나 그렇게 시든 꽃과는 달리 보기 좋게 마른 꽃은, 어떤 의미에서는 오히려 생명력이 돋보인다. 아, 마른 꽃에도 향이 있다는 걸 알고 있는지. 지난 계절 오색찬란한 빛깔로 세상을 빛나게 했던 많은 꽃들 대부분이 추레하게 사그라지지만, 개중에 어떤 꽃들은 말라 가면서도 끝까지 몸을 꼿꼿하게 세우는 위엄을 보이기도 한다. 게다가 향까지 그대로 유지하면서 말이다. 어떻게 마른 꽃에 향기가 있나 싶지만, 꽃에다 얼굴을 들이대어 킁킁대다 보면 분명 그 향을 알아챌 수 있을 것이다. 마른 꽃은 생화처럼 밖으로 향이 풍겨 나오는 것이 아니기에 꽃 속에 그 향이 깊이 배어 있다. 좋은 향은 코로 맡는 것이 아니라 마음으로 느끼는 것이다. 어쩌면 많은 이들이 이미 말라 버린 꽃이라는 그릇된 선입견에 사로잡혀 무심히 지나치고 있을지도 모른다.

 이렇게 시든 꽃과는 가치가 확연히 다른 마른 꽃은, 말린 꽃 dried flower으로 재탄생하기도 한다. 드라이플라워는 가장 예쁜 상태의 생화를 일정 시간 건조시켜 멋지게 만든, 영원성이 부여된 꽃이다. 자연의 한계점에 다다른 생화는 꽃의 보편적 특징인 아름다움을 그대로 간직하면서 다시 최상으로 디자인되어 작품으로 거듭난다. 수분을 많이 필요로 하는 꽃은 말려지는 것이 아니라 시들어 버린단다. 이렇게 모든 꽃이 다 말려지는 것이 아니라는 분명한 사실을 생각해 보면, 마른 꽃의 개념에 대해서 다시 골똘해질 수밖에 없다. 사람도 노화하면 젊을 때에 비해 몸속의 수분 함량이 현저히 떨어진다고 하지 않던가.

 '미노년', '꽃노년' 이란 말이 있다. 아름다운 백발에 따뜻한 미소, 다정다감한 풍모, 부드러운 목소리…. 이렇듯 아름다운 모습을 지닌 노년을 일컫는 단어이다. '자신의 외모를 가꾸고 자기 관리를 철저히 함으로써 남에게 아름답게 보이려 노력하는 노년의 남녀 또는 그러한 노년의 시기'라고 정의되어 있는 것을 보면…. 이 말들을 나와는 전혀 상관없는 신조어로만 여겨 흘려들어서는 안 되지 싶다.

　돌아보면 우리의 젊은 날은 분명 싱그러운 생화였다. 저마다의 가진 빛깔과 향을 나누며 참으로 열심히 살았다. 허나 세상에서 그토록 화려했던, 아름답고 곱던 꽃들도 시간이 지나면서 점점 그 색이 변하고 형태가 쪼그라들어 그예 향기조차 사라져 간다. 어떤 사람은 무력하게 그냥 흐물흐물 시들어 가고 어떤 사람은 그래도 생의 본질을 잃지 않으려 애쓰며 자신의 정체성을 유지하려 노력한다. 더하여 마른 꽃은 새 생명을 품을 씨앗을 절대 포기하지 않는다는 놀라운 점에 주목해 볼 때, 마른 생명의 신기한 경이로움은 다름 아닌 우리의 노년이어야 하지 않을까 싶다. 비록 싱싱한 꽃은 아닐지언정 풍기는 분위기에 왠지 자꾸 눈길이 가는, 기품이 있게 마른 꽃으로 말이다.

　옛 시인들은 "흰머리에 꽃은 서로가 어울리지 않는구나."라던가 "이따금 꽃밭을 지날 때면 죄지은 듯하여라."라고 노래하며, 청춘을 바라보는 늙은이의 심경을 탄식조로 읊기도 했다. "삼십 년 후에는 너희가 바로 나일 테지. 삼십 년 전에는 내가 바로 너희였다." 현실의 늙음이 안타까움으로 드러나 있는 시도 있다. 사계절 중 가장 청춘인 봄. 그 봄에 피어나는 꽃을 보며 그와 대비되는 자신의 늙음을 한탄하고 있는 것이다. 허나 실상은 사람만 늙는 것이 아니라 그 꽃을 피우고 있는 나무도 나와 같이 늙어 가고 있음에 적잖이 위로를 받게 된다. 젊은 것은 바라보기 좋지만 늙은 것은 느끼기에 좋다. 품격 있게 늙은 나무는 고목, 노목, 거목이란 이름으로 빛나 벼슬까지 받지 않던가. 이따금 더 이상 크지 않을 정도로 오래된 나무도 생생한 새순을 내고 예쁜 꽃을 피우기도 한다. 어쩌면 옛사람들의 말대로 "늙음은 낡음이나 스러짐이 아니라 도리어 젊음의 완성"일지도 모른다는 생각에 고개를 끄덕이게 된다.

꽃으로 피었다가 지는 것, 생명으로 왔다가 사라지는 것…. 우리의 힘으로는 어쩔 도리 없는 조물주의 권한이다. 그나마 세상에 어떤 꽃으로 기억되느냐는 우리가 마음먹기 나름일 것이다. 많은 이들이 단정지어 말한다. 마른 꽃은 향기가 없다고…. 그러나 혹자는 또 말한다. 마른 꽃이 피었다고…. 정녕 겉은 꺼칠하고 속은 다 비어 푸석하다 할지라도 쉽게 바스라지지는 말아야 할 터이다. 나날이 늙어 가는 것이 버거워서 괜찮게 늙어 가야 할 책임을 소홀히 하는 것은 인생의 직무 유기임으로. 그리하여 볼품없이 시든 꽃이 아닌 운치 있게 마른 꽃으로 인생의 늘그막이 장식된다면…. 몸이 마음을 따라와 주지 않아 마냥 야속한 그런 날도 감사할 수 있지 않을까. 마른 꽃의 미학. — 분명 마른 꽃에도 향은 있다. 우리네 황혼도 반드시 그러해야 한다.

여행은 가능한 한 많이, 끝까지

"여행은 또 다른 세상의 한쪽을 엿보는 것이다."라는 말이 있다. 여행을 좋아하는 이들이라면 이 말에 전적으로 공감할 수 있을 것이다. 그러나 몸담고 있던 현실을 잠깐일지라도 훌쩍 떠나 본다는 것이 어디 계획처럼 그렇게 쉬웠었던가. 오늘은 이래서 안 되고 내일은 저래서 안 되었던, 어디론가 한번 떠나 보고 싶었던 일. 갖은 이유로 맥없이 주저앉곤 했던 지난날을 뉘우치게 되는 때가 반드시 오는데…. 야속하게도 그때는 바로 진짜 다른 세상으로 갈 즈음이라는 것이다. 생을 마감할 날이 얼마 남지 않은 이들에게, 지금이라도 할 수 있다면 꼭 하고 싶은 것이 있냐고 물으면 많은 사람들이 '여행'이라고 대답하곤 한단다. 살면서 가장 아쉬운 한 가지가 무엇이냐고 묻는 질문에도 역시 '여행을 많이 하지 못한 것'이라는 동일한 답이 돌아온단다.

> 10대는 두려움을 없애 주기 위한 여행
> 20대는 학습과 체험을 하기 위한 여행
> 30대는 꿈과 희망을 갖기 위한 여행
> 40대는 향후의 삶을 설계하기 위해 필요한 경험을 쌓는 여행
> 50대는 살면서 미처 모르고 지나쳤던 것을 보기 위한 여행
> 60대는 열심히 살아온 지난 시간에 대한 보상을 받는 여행
> 70대는 삶의 짐을 내려놓는 여행

어디선가 봤던 글이다. 연령대별로 분류한 여행의 특징을 찬찬히 읽어 보노라니, 나는 지난 시절 과연 어떤 여행을 했었나 싶다. 그예 만년의 나이에 이른 시점, 우리는 어떤 여행을 해야 할 거나. 아마 열심히 살아온 지난 시간에 대한 보상을 받는 여행이거나 삶의 짐을 내려놓은 여행이 될 것이다. 젊어서는 시간이 없어서, 경제적 여건이 안 되어서, 이도 저도 아니라면 어쩜 낯선 곳으로 떠날 용기가 없어서 망설였을지도 모른다. 그러나 모르긴 해도 이제는 걸리는 것 없어 마음 놓고 여행을 떠나고 싶어도 선뜻 실천으로 옮기지 못하는 이유가 또 생겼을 것이다. 아슬아슬한 건강이 그만 발목을 붙잡는다거나, 여행지의 특성상 노인이 가기에는 무리이다 싶은 곳이 자꾸 늘어나고 있지 않던가. 위의 글에도 80대에 대해서는 아예 아무런 언급

이 없다. 그 사실을 깨닫고 나니 그만 가슴이 철렁 내려앉는다. 참으로 유감스럽지만, 마음은 떠나고 싶어도 원근의 여행을 떠나기에는 몸의 사정이 점점 더 힘들어지는 나이가 분명 있다는 것이다.

여행을 뜻하는 영어 'travel'은 고통, 고난을 뜻하는 라틴어 'travail'에서 비롯되었다고 한다. 여행이란 단어는 여전히 즐거움과 여유로움을 떠올리게 하지만, 단어의 속뜻을 들여다보면 그 의미가 조금은 짐작이 된다. 아마도 십중팔구 예전 고대의 여행은 힘들고 괴로웠을 것이다. 어쩌면 여행이란 관광이나 유람에 국한된 것만이 아닌, 내가 앉아 있는 자리에서는 결코 알 수 없는 무언가를 찾아보려는 고행의 다른 의미인지도 모른다. 그럼에도 텅 빈 항아리 같아 늘 허전한, 정체 없는 헛헛함을 채우기 위해 일어나 떠나야 하는 것이 여행인 것이다. 아, 불현듯 스쳐가는 생각 하나. 주변의 눈치를 의식해야 하는 노년의 나이임에도 여행을 떠나고자 한다면, 어쩌면 '여행을 하다 그곳에서 죽어도 좋다.'는 필사의 각오가 필요하지 않을까 싶은…. 어이쿠! 이건 너무 비장하고 서글픈가?

설령 꼭 챙겨야 할 약 보따리가 여행 짐의 대부분을 차지한다 할지라도, 이제는 더 이상 머뭇거리지 말 일이다. 그래도 아직은 민폐 끼치지 않고 내 두 발로 걸을 수 있다면, 그곳이 어디든 떠나지 못할 이유가 있겠는가. 비록 소싯적에 여행을 많이 하지는 못했어도, 살아 있는 한 그래도 끝까지는 해 볼 수 있어야 하지 않을까. 그것이 감성 여행이든 힐링 여행이든 먹자 여행이든 뭐가 되어도 좋은 것은…. 내 오감으로 살아 있음에 혹은 살아감에 감사와 행복을 만끽할 수 있다는 단지 그 이유 하나만으로도 족할 것을!

똑같은 일상에 감사하라

시간이 말처럼 뛰어가는 일은 없는 모양이다. 그렇다고 손수레만큼 늦지도 않은 듯하다.

— 아베 고보의 소설, 『모래의 여자』 중에서

바야흐로 장수 시대가 도래했다. 예전보다는 훨씬 인생을 사는 시간이 늘어났다는 얘기이다. 수명 연장? 분명 너나없이 소원했던 희망 사항이었다. 인간사에 그것만큼 오래된 염원이 또 있었겠는가. 그런데 이제는 그 길어진 시간 속에서 도통 무얼 어떻게 해야 할지 몰라 무료함을 호소하는 노인들이 많아졌다고 한다. 늘어난 만큼의 그 시간을 잘 활용하여 의미 있게 살아야 할 터인데, 오히려 걱정만 늘어난 셈이라고 말이다. 아침 댓바람에 일찍 눈이 떠지는 것도 싫고, 오늘은 또 무얼 하며 시간을 보내야 하나 싶어 이른 시간부터 가슴이 답답해진단다.
　오팔족의 활기찬 노년을 위한 10계명이란 것이 있단다. 아, 오팔OPAL족은 '활동적인 삶을 살고 있는 노인들'이란 뜻으로 'Old People with Active Life'의 준말이다. 일본에서 처음 소개되었는데, '힘 있고 도전 정신으로 충만한, 활동적인 삶을 살고 있는 노인들'을 두고 한 말이란다.

　은퇴를 도약의 시기로 만들어라. 단체 활동이나 문화 활동에 더욱 관심을 쏟아라. 배움에 대한 열의를 갖고 새롭게 시작하라. 발전과 변화 속에서 활력을 찾아라. 모험과 도전의 불꽃을 지펴라. 당신에게 맞는 운동을 찾아 하루 건강 프로그램으로 실천하라. 어린 시절의 꿈을 다시 한 번 찾아보라. 마음속 깊이 도사리고 있는 열정을 끄집어내어 불태워라.

　'은퇴를 은퇴시키는 방법'이라며 제시한 글을 가만히 읽고 있자니, 왠지 젊어서부터 귀에 딱지가 앉을 정도로 수없이 들어온 얘기와 크게 다르지 않은 것 같다. 구절구절 다 바람직하지만 어째 교장 선생님의 훈화처럼 들리기도 한다. '성공하는 사람들의 습관'은 이러해야 한다고 강조하는 자기 계발서의 내용이 문득 떠오르는 건 비단 나뿐일까. 이 모든 게 말이야 쉽지, 막상 행동으로 옮기기에는 얼마나 강한 정신력과 실천하고자 하는 굳은 의지가 필요한 건지…. 휴우, 그걸 여태 모르는 사람이 있을 거나. 진정 이것이 노년의 허한 몸과 마음을 제대로 지탱시켜 줄 해결책이 될 수 있을지. 허나 뜬구름 잡는 소리로 취급해 흘려버리지 않고 보다 기운찬 시간을 보내고 싶은 의욕이 다행히 남아 있다면, 한 번쯤 계획해 보는 것도 나쁘지는 않을 듯하다. 이 모든 것은 정말 말마따나 내가 마음먹기 나름이니 말이다.

젊어서는 매일매일 특별한 무언가를 꿈꾸며 살았었다. 그 시절에는 눈뜨고 잠들 때까지 비교적 하루의 일과가 일정했었지 싶다. 알람이 울리면 일어나고 먹고 움직이고 일하고 자고 또 일어나고…. 그렇게 시작된 하루는 대부분 똑같은 패턴으로 마무리되곤 했었다. 연속된 하루하루는 또 연속된 한 주가 되어 한 달로 이어지고…. 그만큼 재미없고 따분한 일상을 지겨워하며 못 견뎌 했었다. 그러나 이제껏 살아 보니 어떠하던가. 특별함은 젊은 시절의 한때일 뿐 늙어서는 오히려 평범함을 꿈꾸며 살게 되지 않던가. 늘그막의 이 시간은 만날 똑같은, 그저 그런 건조한 나날이 반복되어도 무한 감사하다. 그나마 이것도 마지막까지 영위하지 못할 시간들임을 잘 알기에 더 그런지도.

나이가 들면 생활이 단순해질 수밖에 없다. 어쩌면 그 부분이 나이 들어 가장 좋은 장점이 아닐까도 싶다. 무엇보다도 자녀를 양육, 책임져야 하는 부담감이 없으니 시간에 쫓기지 않는다. 그만큼 오롯이 내가 누릴 하루의 분량이 늘어나니 그간 눈여겨보지 않던 자연에 눈길을 주게 되기도 한다. 이 나이 즈음에 느끼는 하루의 행복이란, 무탈함이 그저 최고이며 보통의 평범함이 최상이다.

부디 느닷없는 복병만 만나지 않는다면…. 반갑지 않은 불청객만 들이닥치지 않는다면…. 심심하면 심심한 대로 지루하면 지루한 대로 나에게 주어진 이십사 시간 그 자체로 얼마나 감사한 하루인지. 무료함의 탈출? 굳이 무료함을 달래 줄 무언가가 절실하다면야 몰라도…. 나이 들어 모처럼 가져 보는 긴 여유의 시간에 멍 때리기(?)로 일관한들 무에 그리 대수이랴. 그간 애쓴 나에게, 고생했다고 세월이 건네주는 선물로 생각하자.

애써 부지런히 움직여야 할 일거리가 없는 것을 한탄하지 마라. 오늘도 어제와 마찬가지로 변함없이 그렇게 지나간다고 조바심칠 필요는 없다. 급하게 처리해야 할 일들이 없는데 느지막이 일어난들 어떠랴. 하루를 한가롭게 느긋한 마음으로 시작할 수 있는 것도 내 복록이다. 이제는 좀 쉬어도 되지 않을까. 더 늙어지면 평범함의 반복되는 똑같은 일상도 현상 유지되지 못할 것이기에, 지금 이 하루 이 평온무사함에 사뭇 만족하며 살고 싶은 것이다. 노인의 삶은 시한부이다. 유독 늙어 가면서 느끼는 하루 스물네 시간의 선물은 그래서 감사할 뿐이다. 나에게 내일이 또 올 거라는 보장이 없기에…. 아침에 눈을 뜨면 또 그 선물에 감동하고 소중하게 여기는 감정의 넉넉함. 그건 노인만이 느낄 수 있는 감각이며 가질 수 있는 특권이지 않을까.

혼자 화장실에 갈 수 있는 행복

미국의 의료 전문가들은 개인의 신체 기능에 등급을 매기는 형식적인 분류 체계를 갖고 있다. 이 체계에 따르면 8가지 일상 활동을 스스로 해내지 못할 경우 기본적인 신체 독립성이 결여된 것으로 판정한다. 거기에는 화장실 가기, 밥 먹기, 옷 입기, 목욕하기, 머리 손질 등 몸단장하기, 침대에서 일어나기, 의자에서 일어나기, 걷기 등이 포함된다. 또한 일상생활의 8가지 독립 활동, 즉 쇼핑, 요리, 가사일, 빨래, 약 복용, 전화 사용, 외출, 재정 관리 등을 혼자 하지 못하면 독립적으로 안전하게 살 능력이 결여된 것으로 판정한다.

─ 아툴 가완디, 『어떻게 죽을 것인가』 중에서 발췌

"세상에서 가장 좋은 일이 바로 혼자 화장실에 갈 수 있는 거라는 걸 늙어 보면 알게 돼요." 바로 얼마 전 어떤 할머니에게서 들은 얘기이다. 젊은 사람들은 이게 무슨 말인가 싶겠지만, 나이를 어지간히 먹은 사람들은 아마 고개를 끄덕이게 되지 않을까 싶다. 혼자 화장실에 갈 수 있는 행복…. 모르긴 몰라도 노인들 중 이 말에 전적으로 공감하는 사람은 많을 것이다. 다리를 다쳤다거나 허리를 삐끗해 걷는 것은커녕 제대로 서지도 못했던 경험이 있었던 이들 역시 맞아, 맞아 할 일이다. 그러니 아예 자리를 보전하고 누웠다거나 노쇠로 인해 다리에 힘이 달려 화장실 출입이 어려워진 고령의 노인들은 두말해 무엇하랴.

노화가 되면 내 몸을 자유자재로 움직일 수 있는 기능에 분명 한계가 온다. 그렇게 시나브로 생활 전반의 일을 감당해 낼 수 있는 능력이 감퇴하다 보면 화장실 출입에도 분명 제동이 걸리는 것이다. 게다가 몸으로 행하는 일뿐 아니라 지성, 감성, 기억 따위의 정신 현상의 여러 형태에도 문제가 생기기 마련이다. 그러다 보면 이 기본적인 화장실 사용의 어려움이 점차 먹는 것만큼이나 심각하고 중대하고 절박해지는 것이다. 아! 그러고 보면 나이가 들어 육신이 점점 쇠약해지면…. 전처럼 행복하게 사는 것은 고사하고 그럭저럭 사는 것마저 조금씩 불가능한 것이 되어 버리는 것만 같다.

그러니 생각해 보면, 다른 것은 차치하고라도 오로지 화장실 출입이 가능하다는 그것 하나만으로도 감사한 일이 아닐까 싶다. 누구에게도 의지하지 않고 일차적인 생활을 무리 없이 할 수 있다는 것. 누구의 도움 없이 순전히 나 혼자 화장실에 다녀올 수 있다는 것. 본인의 배변을 자기 힘으로 해결할 수 있다는 것. 치욕감이나 수치심이나 자괴감 없이 스스로 그 일을 거뜬히 마무리할 수 있다는 것. 이건 진정 확실한 행복이다.

또한 날이면 날마다 달이면 달마다 달라지는 노년의 다양한 배설 문제에 온몸으로 민감하게 반응하지는 말아야 할 일이다. 노화가 진행될수록 신장 기능의 장애나 감각 기능의 퇴행으로 인해 예기치 않은 말썽이 생기는 것은 어쩔 수 없다. 화장실 출입이 아예 불가능한 것에 비하면 그 정도는 괜찮다는 긍정적인 생각의 전환이 필요하다. 심리적인 불안정이 계속된다면 필시 또 다른 신경성 질환이 찾아올 테니 말이다. 몸이 아프면 짜증이 나고 신경이 예민해지기 마련이다. 그러다 보면 성격도 까탈스럽고 괴팍해지기 십상일 터, 스스로를 잘 다독여야 하는 이유이다. 생애 끝까지 '내 일은 내 힘으로' 해결하고자 하는 노력. 어느 누군가에게는 아무 일도 아닌 것처럼 여겨지는 이 사소하고 평범한 일이 점차 눈물겨운 애씀으로 변화하는 것이 실제 노화의 민낯이다.

여담 하나. ─ 아무리 노인이더라도 화장실을 사용할 때는 문을 꼭 닫고 잠그는 것은 어떨까. 문이 안 잠겨 있어 무심코 열었다가 갑자기 안에서 쾅 닫는 바람에 깜짝 놀랐던 적이 몇 번 있다. 문을 닫지 않고 볼일을 보는 것이 무슨 노인의 특권인 양

그 모습을 적나라하게 드러내는 사람들도 간혹 있는데, 정말 민망한 노릇이 아닐 수 없다. 그럴 때마다 아무렇지 않은 척 얼른 지나가곤 하지만, 아이고! 아무리 나이가 들어도 저건 아니지 싶다. 늙어 보지 않고서는 결코 알지 못하는 노년의 삶이지만, 그래도 할 수 있는 한 끝까지 공동체 안에서의 예의는 지켜야 함이 옳지 않을는지.

'걷기'는 제일 좋은 운동

유산소 운동이 노인의 뇌 건강을 향상시킨다는 연구 결과가 있다. 가장 기본 운동인 '걷기'를 습관화하면 노인들이 더 오래, 더 나은 인지 능력을 가질 수 있다는 것이다. 기억력을 높이는 것은 물론이고, 노인층의 만성적인 허리 통증을 잡는 데도 걷기 운동이 효과적이라 하니 마다할 이유가 없지 않을까. 노년기가 되면 관절과 뼈가 약해진다. 하지만 그럴수록 더 걸어야 한다. 보행의 부족은 다리 근육을 약하게 만들 뿐만 아니라 심장 근육의 쇠약, 혈관의 탄력성 저하로 인한 동맥경화증, 고혈압, 폐기능 저하, 비만증, 당뇨병 등을 유발시키는 원인이 되기 때문이다.

걷기는 인간의 가장 기본적인 활동 중의 하나이다. 걷기 운동은 상해를 입을 가능성이 거의 없어 매우 안전한 운동이다. 기껏 장비라고 해야 바닥이 미끄럽지 않은 운동화 정도면 충분하니, 큰 비용을 들이지 않고도 바로 실행할 수 있는 효과적인 운동이다. 또한 여타의 운동들에 비해 비교적 실천하기 손쉬워 체력 수준이 낮은 고령자에게 아주 적합한 운동이다. 걷기는 발바닥 근육에 자극을 주어 균형 감각이 좋아진다고 한다. 게다가 뇌혈류 순환을 개선하는 효과도 있다고 하니 치매 예방에도 도움이 될 것이다. 꾸준한 걷기 운동을 통해 노년기 우울증 극복이나 알츠하이머의 위험을 줄여 준다는 연구 결과 또한 있는 것을 보면, 분명 걷기는 생활의 활력소가 될 수 있을 것이다.

걷기 운동이 몸에 좋다는 건 젊어서부터 줄곧 들어온 얘기이다. 노인들은 늙었기 때문에 운동은 몸에 무리라고 생각하기 쉽다. 그러나 그건 오산이다. 단지 격한 운동이 제한될 뿐이다. 걷기 운동은 심장과 폐의 기능을 강화시켜 주고 혈압을 내리는 효과가 있다. 또한 꾸준한 걷기를 통해 신장의 노폐물 처리 능력이 보완될 수도 있다. 걷기는 대표적인 유산소 운동으로, 체중 감량과 근력, 관절 강화, 심폐 기능에 효과적이다. 또한 뇌졸중이나 파킨슨, 골다공증, 심혈관 질환 등의 질병이나 골절, 항암 치료 등의 재활 치료에도 매우 효과적인 운동이라고 의사들이 입을 모아 추천하고 있다.

'걷는 일'은 꼭 필요한 운동이며 생애 마지막까지 행해야 하는 운동이다. 몸이 조금 불편해도 여행을 가능한 한 즐기라는 얘기는 많이 걸어야 한다는 얘기와 같을지도 모른다. 설령 지팡이를 짚고 세 발로 걷더라도, 생이 다하는 날까지 걸어서 거동할 수 있는 것은 최고이자 최상의 행복이다. 일주일에 적어도 3번 이상은 걷기로 하자. 이렇게 운동 후 충분한 휴식을 함으로써 에너지를 재충전하는 건강한 습관은 노년기의 필수적인 생활이 되어야 한다.

호접지몽―인생의 덧없음

제3부

과거 이야기는 짧을수록 좋다

나이를 먹으면, '왕년往年'으로 시작되는 대화는 가능하면 안 하는 것이 좋다. 젊었을 때 힘깨나 썼다고, 과거에 잘 나갔었다고 하는 모든 말들은 어느 정도 허세로 부풀려져 있기 마련이다. 본시 사람은 예전의 자신을 보태어 꾸미거나 자신에게 유리한 방향으로 과장되게 기억하여 과시하는 경향이 있다. 기억은 기록과 다른 법이다. 기억의 왜곡인지 그의 말마따나 정말 그랬는지 마땅한 증거를 찾을 길이 없다. 어쩌면 확인이 불가하기에 누구나 그런 류의 말을 더 쉽게 입에 올리곤 하는지도 모를 일이지만.

"천리마馬는 늙었어도 천 리 가던 생각만 한다."고, 능력이 빼어났던 사람은 늙어도 그 시절의 영화만 생각하기 십상이다. 제아무리 항우장사, 천하일색이라도 늙는 것은 못 당하는 법. 혈

기왕성하던 젊음이 호호백발의 늙음이 되어 버리는 세월의 무상함은 만고불변의 진리이다. 자신의 왕년을 꺼내어 새삼 우쭐대고 싶은 그 마음이야 이해는 하지만…. 어쩔 거나. 과거는 까맣게 아련히 흘러갔다. 한가락 했던 젊은 시절의 얘기를 아무리 해도 세월을 되돌릴 수는 없을진대. 회춘이 불가능함을 뻔히 알면서도, 그 엄연한 사실을 부러 회피하는 이를 무연히 바라보고 있노라면 괜스레 연민이 인다.
 "소싯적에 금송아지 한 마리 키워 보지 못한 사람 있으면 나와 보라."는 말이 있다. 이렇듯 과거는 으레 과장이나 허풍이 어느 정도는 끼어 있다. 더하여 본인도 의식하지 못하는 기억의 오해가 있을 수도 있다. 왕년의 스타, 예전의 부귀영화는 헛헛할 뿐이다. 현실에 직시하며 늙기도 버거운데 까마득히 지나간 과거 이야기가 이제 와 무슨 소용이 있으랴. 과거에 얽매인 왕년의 이야기는 짧을수록 좋다. 지나간 얘기는 적당히 하고 그치는 것이 상대에 대한 예의이다. 말하는 이나 듣는 이나 잠깐 미소가 머물 정도의 적정선으로 잘 마무리해야 한다. 다행히 다소 분에 넘치는 말일지라도 고개 끄덕여 주는 아량이 상대에게 있다면 별문제가 없겠지만, 자기 과시의 자화자찬에 우월감이 지나친 사람은 여전히 피곤하기 때문이다. 지난날 잘 나갔었다고 지금도 여전히 인정받는 것은 결코 아니다. 늙어 가면서 인정받는 덕목은 오히려 겸손이고 타인에 대한 배려이다.
 새삼 이 나이에, 같이 늙어 가면서 아직도 뭐 그리 내세울 것이 남았다고 자랑 일색일까. 나 알아봐 달라고 굳이 옛이야기를 자꾸 꺼내어 떠벌리는 모습은 좀 딱하지 않은가. 아, 어쩌면 그 사람은 세간에서 말하는 이런 얘기를 듣지 못했을 수도 있겠다. 예순이 넘으면 잘난 사람이나 못난 사람이나 같고, 일흔이 넘으면 배운 사람이나 못 배운 사람이나 같고, 여든이 넘으면 집에 있으나 산에 있으나 똑같더라는 이야기!

  정말 왕년에 그가 어떠했는지는 본인이 말을 안 해도 자연스레 알게 된다. 세상사가 그런 것이다. 그에 대한 평판은 돌고 돌아 나라 구석구석을 맴돌게 되어 있다. 대한민국 사람 서너 명만 거치면 다 드러나게 되어 있다. 그러기에 그저 남에게 해 끼치지 않고, 사람답게 사람으로 살면 그뿐으로 족한 것이다. 내가 이랬었네, 저 사람이 저랬었네, 가능하면 이런 말들은 줄이는 게 서로에게 도움이 되는 것이다. 늙음의 미학은 일상과 뚝 떨어져 저만치 따로 있는 것이 아니다. 바로 내 입에서 나오는 말로 시작된다. 입을 열어 주구장창 말하는 것보다 귀를 활짝 열어 잘 듣는 것이 훨씬 바람직한 대인 관계의 정석이다.

살찌는 것을 겁내지 않아야

젊었을 때는 몸무게가 살짝만 늘어도 신경이 쓰였었다. 그런데 거꾸로 지금은 조금만 줄어도 걱정이 앞선다. 나이가 들면 대개 체내의 수분이 빠지므로 살이 빠지기 마련이란다. 그렇다 해도 너무 말라 질병에 대한 저항력과 면역력이 떨어지면 곤란해진다. 해를 거듭할 때마다 생각지도 않았던 이런저런 증상에 고생을 하고 있는 터라, 줄어드는 몸무게에 민감해질 수밖에 없다. 과거에 흔히 말하던, 체중이 적게 나가야 잔병치레 없이 오래 산다는 얘기는 무색해진 지 오래이다. 그리고 보면 정상 체중에서 조금 더 나가는 것이 훨씬 건강에 좋은 건지도 모를 일이다. 그래야 '근감소증'도 막을 수 있고 주위의 취약한 유해 환경에도 어지간히 견뎌 낼 수 있지 않을까 싶다.

사람은 나이가 들면서 자연스럽게 근육이 줄어든다. '빠르면

30대부터 일 년에 약 0.3kg씩 감소' 한단다. 나이 먹고 게다가 저체중이라면 근육 감소는 더 심각해질 것이 분명하다. 사람이 걷고 일하고 움직이는데, 근육이 얼마나 중요한지는 누누이 강조하지 않아도 누구나 익히 잘 알고 있다. 오래 사는 것은 차치하고도, 하루하루 제대로 된 생활을 하기 위해서는 적당한 체중 유지와 근육량이 생존의 필수인 셈이다. "골골한 사람이 백 살을 살더라."는 말은 아무래도 허언이 될 확률이 높다.

  살찌는 것을 겁내야 하는 나이는 이미 지났다. 새삼 이 나이에 순전히 타인의 시선 때문에 다이어트를 하는 어리석은 이가 있을까마는, 이제는 나 자신이 그 무엇보다도 중요한 나이이다. 오래 살기 위해서(?) 살을 찌우라는 것이 아닌, 건강하게 살기 위해서(!) 살을 찌우라는 말은, 정말 귀 기울여 들어야 할 조언인 듯하다.

'100세 시대'는 축복 혹은 재앙

유럽에서는 생애 주기를 네 단계로 나눈다. 첫 번째 '퍼스트 에이지First Age'는 배움의 단계(Learning), '세컨드 에이지Second Age'는 배움을 통해 사회적 정착을 하는 단계(Doing), '서드 에이지Third Age'는 40세 이후 30년 동안 인생의 2차 성장을 통해 자아실현을 추구해 가는 단계(Becoming), '포스 에이지 Fourth Age'는 노화의 시기로, 성공적인 삶을 이룩하고 젊게 살다가 삶을 마감하는 단계(Integration)라고 한다.

이 설명에 따르면 노화의 시기는 70세 이후이다. 그러나 현재 전 세계에서 통용되는 노인의 기준은 65세이다. 이 65세는 1889년 독일 비스마르크 수상이 정한 노령연금 지급 기준 나이라고 한다. 그때는 평균 수명이 짧았던 시대였으니 그랬다 치고, 세월이 한참 흘러 평균 수명이 길어진 지금, 노인의 기준 나이도 응당 달라져야 하지 않을까 싶다. 개인적인 생각으로는 40대 후반부터 노후를 준비해 50대 중반에 경제 활동의 정점을 찍고 70세가 넘어 은퇴하는 인생이 가장 바람직할 것 같다. 흔히들 말한다. 노후의 시기는 인생 이모작이 시작되는 또 다른 삶의 분기점이라고. '열심히 살았으니 이제는 쉬자.'가 아닌, 후반부의 새로운 인생을 위한 청사진이 꼭 필요한 마흔 이후 30년의 결정체라고. 정년을 일단락으로 하고, 그 후는 새로운 출발로 생각하라고.

허나 현실은 이론처럼, 책에 쓰인 문장처럼 그리 단순하지 않다. 50대 초반, 한창인 나이에 강제(?) 은퇴해 오로지 생존을 위해 또 다른 사회적 정착을 위한 단계로 역주행할 수도 있다는 것이 함정인 것이다. 인생 이모작의 시작은커녕 오히려 퇴행이다. 인생이란 것이 이렇게 예측불허이다. 한 치의 오차 없이 계획대로, 사회학자가 주장하는 대로 그런 순방향으로 이어지는 녹록한 프로젝트가 절대 아니다. 생애 주기가 그렇게 막힘없이 계산대로 순순히 풀려 준다면야 오죽 좋으랴. 안타깝게도 요즘 현실에서는 '퍼스트 에이지'에서 훌쩍 건너뛰어 '포스 에이지'에 그냥 곤두박질치는 인생도 허다하다. 성공적인 삶을 이룩하고 짧게 살다가 삶을 마감한다? 이것은 단지 희망 사항일 뿐이다. '포스 에이지'에 이르는 사정들도 각자 나름이다.

이런 상황에 '100세 시대'라니…. 그대는 100이라는 숫자를 감당해 낼 자신이 있는가? 말 그대로의 장수長壽를 견뎌 낼 수 있는가? 혹자는 말할지도 모르겠다. "건강만 하다면야!" 글쎄? 그 나이에 건강하기를 바라는 것 자체가 어불성설이다. 어찌 늙음이 당연한 나이를 먹고 내내 무병장수하기를 바랄 수 있겠는가. 오래 사는 축복 대신 어쩌면 오래 앓을지도 모를 재앙이다. 아무리 의학이 발전했다고 해도 한계는 정해져 있을 터, 평균 수명이 늘어나 오래 살게 됐다고는 하지만 그만큼 삶의 후반기 몇 년씩은 분명히 병치레를 하면서 인생 마지막을 맞이하게 될 것이다. 아니 몇 년이면 오히려 다행일지도 모른다. 그 세월이 십 년이 넘어 그 이상이 되고 만다면…. 아! 고통스럽고 끔찍한 시간들을 약해진 노구로 어찌 견뎌 낼 수 있으랴. 이제 그만 생을 마감하고 싶어도 잔명殘命이 아직 있어 고통을 피할 도리가 없다면, 오래 사는 것도 정녕 형벌이지 않을까.

혹 "유병장수만 해도 감지덕지다!"라며 끈질긴 삶의 집착에 100세 시대의 허울을 부여잡고 사는 이들도 적지 않을 것이다. 그 장수를 탐내는 마음은 분명 추스르고 다잡아야 할 욕망이지만, 정말 타고난 팔자가(?) 좋아 건강한 상태로 100세 생일을 맞이할 수도 있을 터이다. 그거야말로 복권 당첨과 같은 천운이 아닐까 싶은데, 그런 행운이 누구에게나 올 확률은 지극히 낮다. 그러니 아하! '재수 없으면(?) 100세를 산다.'는 항간의 자조적인 말에 고개가 끄덕여지는 사람이 비단 나뿐일까 싶다.

분명 길어진 삶은 그에 비례해 그만큼 고달플 것이다. 어쩌면 주위의 눈총에 종종 민망해질지도 모를 일이다. 행복지수가 상위권인 여타 선진국에 비해 우리나라 노인들은 일이 좋아서가 아니라 오로지 생계를 위해서 부득불 일을 해야 하는 사정들도 만만치 않게 있다. 그러니 은퇴 후에 편안한 노후를 즐기겠다는 계획은 언감생심 꿈도 못 꿀 일인 것이다. 이런 마당이라면 고생길이 훤한데 장수를 한들 뭐가 그리 좋겠는가. 나이 드니 몸은 예전 같지 않아 사방팔방이 다 아픈데, 먹고 살기 위해 일까지 해야 한다면…. 이것이야말로 정녕 우울하기 짝이 없는 100세 시대의 암흑이 아닐 수 없다.

한때 '100세 인생'이라는 트로트가 유행했었다. 60세부터 100세까지의, 이생에 남아야 하는 갖가지 이유를 대며 저세상에서 나를 데리러 와도 이래서 저래서 못 간다며 거만하게 거드럭거렸던 노랫말. 허나 아무리 죽음을 외면하며 100세 인생의 비현실적인 청사진을 펼쳐 큰소리친다 해도 거의 대부분의 삶은 한 세기를 못 채우고 마감하게 되어 있다. 오래 살고 싶은 환상은 누구에게나 있다지만, 나는 적당한 나이에 흔적도 없이 이 세상에서 깨끗하게 사라지는 것이 소원이다. 그래도 굳이 언제까지 살고 싶냐? 묻는다면, 자식들에게 내가 힘이 될 수 있을 때까지만 살고 싶다고 말할 수는 있겠다. 짐이 아닌 힘이 되는 부모로서 견뎌야 하는 것은, 그 아이들을 이 세상에 태어나게 한 내 책임이고 끝까지 감내할 의무이니까 말이다.

'노약자석'은 따로 없다

아주 오래전의 얘기이다. 내가 학생 시절이었으니 무려 수십 년 전의 일이다. 이런저런 일로 심신이 부대껴 몹시 피곤했던 하루로 기억한다. 만원 버스를 타고 여러 정거장을 지나 간신히 자리를 잡아 앉아 가던 길이었다. 노곤함에 그만 깜박 잠이 들었나 보다. 누군가가 내 앞에 서서 자꾸 구시렁거리는 소리에 아득했던 정신이 돌아왔다. 중장년의 아주머니가 내 앞에 버티고(?) 서서 나한테 뭐라고 하는 소리였다. 어, 이게 도대체 무슨 상황이야? 그 아주머니는 언제부터 나를 보고 중얼거리고 있던 것일까? 주위의 많은 사람들이 그 모습을 계속 지켜보고 있었을 텐데…. 내가 얼마나 버릇없고 뻔뻔한 학생으로 비쳤을까?

지금도 생생히 그 모습을 기억하는데, 분명 할머니는 아니었다. "젊은 사람이 자리를 양보하지 않는다."는 꾸중 같은 잔소리에 반사적으로 튕겨 일어났다. 그래도 학교에서, 사회에서 배운 게 있는지라 무거운 짐을 부여안고 얼른 일어나 자리를 권했지만…. 그때를 생각하면 정말 억울하고 속상하다. 내가 자리를 양보하기 싫어 일부러 자는 척을 했다고 생각한 초로의 그 여인은 내가 내어 준 자리에 앉아서까지 계속 불평을 해댔다. "요즘 애들은 정말 버릇이 없어." 주위의 동조를 구하는 듯한 그 어조에 기가 막히고 곤혹스러웠지만, 어쩌랴. 고맙다는 말을 듣자고 자리를 내준 것이 아닌 바에야 그냥 참을 수밖에….

아마 이 기억이 뇌리에 깊이 박혀 있어서일까. 나는 양보를 받아도 될 만한 나이를 먹고서도 '노약자석'에는 가능하면 접근을 안 하는 편이다. 이제는 지하철에 무임승차를 해도 되는 노인 연령에 이르렀지만, 흰머리가 심심치 않게 띠는 내 모습에 젊은 사람들이 부담을 느낄 수도 있겠구나 싶어서이다. 왠지 노약자석 앞에 서면 자리 양보를 요구하는 것처럼 여겨질까 지레 조심하게 되는 것이다. 젊은 사람들의 양보도 솔직히 부담스럽다. 서서 갈 정도의 체력이 아직 건재한데 괜히 그들에게 무언의 압박을 가하는 것처럼 보이는 나이의 서글픔도 싫은 까닭이다. 노인이 반드시 그 자리에 앉아야 할 경로 권리 운운하는 것이 민망한 만큼, 젊은 사람들이 반드시 그 자리를 양보해야 할 의무 운운하는 것도 아름답지 않다.

'교통약자석'은 장애인, 고령자, 임산부, 어린이 영유아 동반자 좌석입니다. ─ 요즘 버스를 타면 볼 수 있는 글귀이다. 좌석을 분류해 그림과 함께 자세히 설명해 놓았다. 교통약자란 노인뿐 아니라 장애가 있는 사람도 해당된다. 임산부나 아이를 안은 어머니, 환자나 부상자, 그리고 만 12세 이하의 어린이가 모두 교통약자들인 것이다. 이것을 본 후, 지하철은 어떻게 변했는가 싶어 일부러 자세히 살펴보았다. 지하철에는 여전히 노약자(장애인)석이 따로 마련되어 있었고, 예전에는 없었던 임산부를 위한 배려석이 새로 생겼다. 그러나 이 모두가 좋은 의도이기는 하나 교통약자를 위한 좌석들이 그 취지에 맞게 얼마나 잘 운용되고 있는지는 의문이다. 내가 볼 때마다 늘 노인들만 그 좌석에 앉아 있었던 것은 어쩌다 본 우연이었을까.

'교통약자석'이 예전의 '경로석', '노약자석'으로 오래 인식되어 온, 노인들의 전용 자리가 결코 아님을 잊어서는 안 되지 싶다. 나이가 들었기 때문에 으레 당연한 것처럼 경로석에 앉아야 하는 것이 아닌, 정말 서서 갈 수 없을 정도로 몸이 쇠약한 노인이 앉는 곳이 경로석이 되어야 한다. '교통약자석'의 양보는 나이에 따른 늙고 젊고의 문제가 아니라 인간의 윤리적 문제라는 말에 전적으로 공감한다. '양보'는 상대를 생각하는, 진심이 배어 있는 아름다운 배려이다. '특별 대우'를 무례하게 절대 일방적으로 강요해서는 안 되는 것이다. 노년은 고령에 이르렀다는 나이의 숫자일 뿐이다. 노인이란 모든 이들에게 응당 대접받아야 할, 보통과 구별되게 다른 우위의 위치나 신분적 지위를 의미하지 않는다. 나이를 먹는 것은 하늘이 내려 주는 벼슬이 아니다!

'황혼 육아'는 건강이 뒤따라야

 누군가는 '황혼 육아'를 반드시 극한 직업에 포함시켜야 한다고 말한다. 어떤 이는 '다시 군대에 간 느낌'이라며 한마디를 더 보태 거들기까지 한다. 그 말을 듣고 있던 할머니, 할아버지들은 이구동성으로 저마다의 사정을 내어놓는다. 세상에, '극한 직업'에 더해 '다시 군대에 간 느낌'이라니…. 손주 육아가 그만큼 힘들다는 얘기일 것이다.
 딸의 경력 단절을 막기 위해, 며느리의 고생을 덜어 주고 싶은 마음에 육아 도우미를 자청해 나섰는데…. 이게 도통 나를 위한 시간을 낼 수 없는 상황에 이르고 보니 스멀스멀 후회가 밀려온단다. 도와줄 수 있을 때 도와주는 게 부모의 역할이 아닌가 싶어 덜컥 손주들을 맡았는데…. 허리며 무릎이며 팔목이며 건강이 조금씩 나빠지는 걸 느끼면서 어떻게 해야 하나, 이래저래 고민이 많단다. 손주들이 너무 예뻐 지극정성으로 키우고는 있지만, 내가 꿈꾸었던 홀가분한 노후는 어디로 사라졌나 싶어 가끔은 우울해진단다.

자기처럼 살림만 하며 살게 하고 싶지 않아 딸이 일을 갖길 원했단다. 그랬더니 손주들을 키우는 몫은 어느 사이 고스란히 자기한테 오더란다. 자식을 다 키우고 나면 살림에서 손놓고, 하고 싶은 취미 생활만 하며 노년을 여유 있게 즐길 예정이었단다. 그러나 내 몸 하나 편하겠다고 딸이, 며느리가 워킹맘 working mom으로 이리저리 쩔쩔매며 애쓰는 것이 눈앞에 뻔히 보이는데 부모가 되어서 어찌 모른 척할 수 있겠느냐고…. 이런저런 하소연들을 쏟아 놓는 대다수의 할머니, 할아버지들. 그들이 머리와 가슴으로 겪고 있는 황혼 육아의 딜레마이다.

그러나 아무리 황혼 육아가 힘들다 해도 본인이 정말 행복하다면…. 그것으로 된 것 아닐까 싶다. 자식에게 힘이 되어 줄 수 있을 때까지는 어느 부모라도 그리하지 않을까. 그들의 짐을 덜어 주겠다는 마음으로 감당한다면, 부모의 역할은 자식에게 맡기고 할머니, 할아버지는 그냥 조부모로서의 역할만 담당하면 된다. 그렇게 내가 좋아 자진해서 기꺼이 하는 거라면 좋겠지만, 어쩔 수 없이 맡은 불가피한 황혼 육아는 반드시 갈등을 일으키기도 한다. 조부모와 부모의 서로 다른 양육 방식으로 사사건건 부딪치기도 한다는 주위의 얘기도 심심찮게 듣는다. 자칫하면 원망과 잔소리를 듣게 되는 육아와 살림은 내 생활과는 완전히 다른 별개의 노동일 수밖에 없는 점을 잊지 말아야 한다. 내 자식을 키우는 일과 내 자식의 자식인 손주를 돌보는 일은 절대 똑같지 않다.

 손주를 정말 잘 돌봐 줄 자신이 없다면, 애초에 섣불리 나서지 말 일이다. 예전에 내 자식을 키웠던 방식을 고집하는, 시대에 맞지 않은 양육법도 마땅히 개선되어야 한다. 이왕에 맡은 거라면 잘 돌봐야 하지 않겠나. 그래서 요즘에는 할머니, 할아버지들이 손주를 보살피기 위해 새로운 양육법을 반드시 공부해야 하는 것이 황혼 육아의 기본이라고 한단다. 이런 일련의 노력이나 정보 없이 어쭙잖은 할머니, 할아버지의 괜한 책임감만으로 손자 손녀를 맡는 것은, 도움은커녕 되레 내 자식을 불편하게 할 수도 있다는 것이다.

 또한 내 건강을 감안하여 양육을 자처할 일이다. 보탬은 고사하고 오히려 피해가 될 수도 있다. 자녀는 자기에게 도움이 되는 부모는 좋아하지만, 도움이 안 되는 부모는 싫어하기 마련이다. 자기 자식 키우기도 버거운 마당에 늙어 가는 부모의 건강까지 챙겨야 한다면…. 내리사랑은 애지중지이어도 치사랑은 허약하다. 어느 집 자식이라도, 자기 새끼 돌보느라 이곳저곳 아프다는 부모를 마냥 편하게 대할 수는 없을 테니 말이다. 부모 입장에서도 그렇다. 불편한 것 꾹 참고 자식 눈치까지 봐야 하는 상황이 된다면, 처음의 좋은 의도와는 달리 서운함과 오해를 불러올 소지가 더 많을 것이다. 부모가 자식에게 힘이 아닌 짐으로 느껴진다는 것은 서로 간에 못할 짓이다. 전적으로 도맡지 않고 내가 감당할 수 있을 정도의 육아에만 보탬이 되어 주는 것도 괜찮지 않을까 싶다.

부질없는 공치사로 자식에게 생색을 내는 일은 절대 하지 말아야 한다. 금이야 옥이야 키운 손주들도 나의 노고를 기억하지 못한다. 그러니 혹 머리가 커진 손주들이 나를 경시하는, 버릇없는 태도를 보이더라도 마음에 담지 말아야 한다. 손자 손녀를 키우면서 맛보았던 크고 작은 행복감, 조부모로서 그들에게 줄 수 있었던 포근한 추억들, 내 노후를 풍요하게 만들어 준 손주들의 존재에 그저 감사할 수 있으면 그것으로 충분하다. 손주란 존재는…. 나의 영원한 짝사랑이기 때문이다.

자식은 마음이 문드러지는 존재

 훗날 이생을 떠나 그들의 꿈속으로 자식들을 만나러 올 때는 (이것이 실현 가능한 일일지는 모르겠으나) 반드시 가장 편안한 모습으로, 정말 행복한 표정으로 다녀갈 일이다. 생전에 아팠던 모습이나 우울한 표정으로 꿈에 나타나 보여 자식들의 생활에 어두운 그림자를 드리우게 해서는 절대 안 될 일이다. 꿈에서 깬 내 자녀들의 하루가 무겁고 심기가 불편해 그들의 일상에 지장을 주기는 싫다. 비록 이 세상을 떠났다 해도, 부모라면 당연히 내 아이들이 행복하기를 바라는 마음은 여전할 테니 말이다. 생전에도 부모로서 진정 행복했을 때는, 자식들의 웃는 모습을 흐뭇하게 곁에서 바라볼 때 아니었던가.
 모든 엄마들은 자식들에게 막연한 미안함과 죄책감을 가지고 있기 마련이다. 그것이 구체적인 어떤 일이 아니라 형체가 없는 모호한 감정뿐이라 해도 그렇다. 아이가 어디 아프기만 해도 "혹 나 때문이 아닐까?" 무슨 문제가 생기기만 해도 "내가 그때 그렇게 해서 그런 건 아닐까?" 말도 안 되는 과거의 이런저런 일들까지 잔뜩 소급해 와서는 내 탓으로 욱여넣어 자책하는 이들이 바로 엄마들이다. 몸과 마음속에 열 달을 품었던 긴 시간 동안 얼마나 매사에 조심스러웠던가. 그 어린것이 자라 제 몫을 너끈히 함에도 불구하고, 한결같이 자식의 안위를 최우선으로 여기는 것은 새끼를 향한 어미의 본능이리라. 산소와 영양분을 공급했던 뱃속의 탯줄은 이미 오래전에 끊어졌지만, 두 사람은 영원히 끊길 수 없는 마음의 탯줄로 여전히 이어져 있기 때문이다.

내가 죽으면 자식과의 인연은 영영 끝나는 걸까? 아니다. 이것은 죽어서도 끊어지지 않는다. 그러기에 엄마들은 죽어서도 그들을 살뜰히 보살핀다. 행여 그네들이 나쁜 일을 겪게 될까 못내 걱정스러워 꿈속에 나타나 알려 주기도 하고, 울가망한 표정으로 바라보기도 하는 것일지도 모르겠다. 자식이란 존재는 그렇게 엄한 것이다. 살아서 그러했듯이 내가 죽어서도 잊을 수 없는, 만시름의 질긴 줄이 온몸에 칭칭 감겨 있어 부모의 마음을 문드러지게 하는 내 분신. 진자리를 마른자리로 갈아 주며 정성껏 보살핀 내 새끼. 다시 못 올 먼 길로 떠나는 순간에도 두 눈 가득 담아 두고픈, 아니 다른 세상으로 서로 갈라진다 해도 차마 잊을 수 없는…. 가장 소중한 존재, 그것이 자식이다.

　그러니 이다음에 꿈길에서 내 아들딸을 만날 때에는 필히 행복한 모습으로 그들을 대해 줄 일이다. 그래야 그네들의 하루가 가볍고 즐거울 것이기에. 이승과 저승으로 떨어져 비록 머무는 곳은 다를지라도 끝까지 그들을 격려하고 응원해야 한다. 내 아이가, 나라는 사람이 살면서 용기를 낼 수 있는 힘의 원천이었으며, 내가 세상에 머물다 가는 삶의 의미이자 흔적이었다는 사실은 변치 않을 것이기에. 우리가 곁에 없어도 자식은 자식 나름대로 그들의 인생을 잘 살아 내야 한다. 만약 부모인 그대가 물고기를 직접 잡아 주지 않고, 그들에게 물고기 잡는 법을 잘 가르쳤다면…. 설령 내가 떠나더라도, 훗날 안심의 낯빛으로 반갑게 해후할 수 있지 않을까 싶다.

서운함을 쌓아 두지 마라

"내 마음 같지 않아~." 당연한 얘기이다. 사람은 저마다 생각의 간극이 있으므로 100% 내 마음과 부합되는 경우는 지극히 드물다. 정말 섭섭한 일이 있어도, 어지간한 세월을 살아온 노인들은 세상의 이치에 통달해 그래도 가볍게 넘김이 수월해야 할 터인데… 어째 나이가 들수록 서운함은 더 쉽게 쌓인다고 한다. 그래서 나이를 먹으면 먹을수록 도로 아기가 된다고 하나 보다. 매사를 자기중심적으로 생각하기 쉬운 노년기에는 스스로가 이 특성을 염두에 두고 조심해야 한다. 서운함은 지극히 주관적이어서 그 감정을 느끼는 경계가 모호하다. 특히 노인의 서운함은 마음 한구석에 차곡차곡 쌓여 마음의 병이 되는 사례가 많다고들 한다. 노년 우울감의 한 부분에는 말할 것도 없이 이 서운함도 끼여 있다. 우울증 환자 10명 중 4명은 노인이라고 하니 결코 적은 수치는 아닌 것이다.
 "어떻게 나한테 이럴 수가 있지?" 입장을 바꿔 깊이 헤아려 보면, 그게 그럴 수도 있을지 모른다. 처음부터 끝까지 한결같은 사람은 극히 드물다. 그러니 그냥 관대함으로 너그럽게 인정하라. 그것이 정 힘들면 깨끗이 무시해 버리든지. 노인이 될수록 나만의 '서운함 비우기 장치'는 꼭 필요하다. 부디! 그때그때 안 좋은 감정을 의식적으로 멀리 떨쳐 버려라.
 좋지 않은 일을 곱씹고 또 곱씹는 안 좋은 습관은 개선할 필요가 있다. 섭섭함을 감추고 괜한 심술을 피우는 변덕은 주변 사람을 괴롭힌다. 뭔가를 보상받으려고 자기를 합리화하는 엄살과 어리광도 절대 피우지 마라. 서운함의 반발로 아무것도 아닌 작은 일에 목숨을 거는 치기 어린 성질도 조금은 누그러져야 한다. 사소한 일에 연연하여 한 번 한 얘기를 반복하는 버릇도 고쳐야 하며, 내 마음 같지 않으면 역정부터 내고 보는 불같은 성미도 꼭 버려야 한다. 나와 똑같기를 강요하는 고집과 괴팍함, 역시 내려놓아야 한다.
 게다가 하루가 다르게 변화하는 디지털 환경에서 살아야 하는, 아날로그 세대의 노인들 다수는 불안감에 묘한 소외감까지 갖고 있으니…. 익숙하지 않은 기계 탓에 신경질과 짜증이 빈번할지도 모른다. 허나 이런 일이 반복된다면 필시 까탈스러운 괴짜 노인네로 취급당하기 십상일 터이다. 무턱대고 속으로만 서운함을 쌓는 것보다 차라리 그때그때 뒤끝 없이 속 시원하게 탈탈 털어 내는 건 어떨는지. 섭섭함에 반드시 뒤따라오는 노여움은 내가 마음먹기 나름으로 해결할 수 있는 감정이 아닐까 싶다.

"그럼! 그래야지." "암! 그렇게 해야만 해." 이런 강압적이고 위협적인 말투는 이제 그만 쓰자. 대신에 "그래, 그럴 수 있어." "그러라고 그래." 보다 넉넉하고 푸근한 말들은 어떨까. 내 마음이 편해지기 위해서 뿐만 아니라 주변 사람들을 거북하게 만들지 않기 위해서는, 부드러운 어투로 스스로를 단련시키는 노년의 지혜가 필요하다. 만약 그대가 현시대에 맞지 않는 구시대적 사고방식에 젖어 고루하고 낡은 것을 고수하고자 한다면…. 조금의 융통성도 없이 고리타분함으로 일관하며 여전히 권위주의에 매여 있다면… 아마도 그대를 향한 주위의 싸늘한 눈총 정도는 능히 감수해야 할지도 모를 일이다.

'아, 그렇구나!' 내 신념과는 다른 상대를 있는 그대로, 왜곡하지 않고 그 자체로 받아들여 주는 넓은 도량은 노년의 여유이자 덕목이다. 사고의 편견과 편향, 편협에서 벗어나 사람에 대한 이해의 폭이 넓어지는 것은 나이를 먹어 가면서 체득하게 되는 또 하나의 장점일진대. 그러기에 알게 모르게 쌓이는 자잘한 속상함이나 울분, 부아를 이기지 못해 노발대발하는 노여움은 그때그때 잘 제어해야 한다. 이런저런 바람직하지 못한 부정적 기분을 잘 다스리는 감정의 가지치기는 덕망 있는 어른이 되는 공부의 한 과정이다. "자신과 남에게 너그러운 상태에 이르는 것, 그것이 노년의 참살이(Well-being)이다." 이 말에 공감하는 이가 많기를 바라는 마음이다.

사람의 마음은 알 수 없다

우리 속담에 "열 길 물속은 알아도 한 길 사람의 속은 모른다."는 말이 있다. 그만큼 사람의 속마음을 알기란 매우 힘듦을 이른 것이지 싶다. 우리는 종종 상대도 나와 같을 것이라는 착각 속에 동질감을 느끼길 원한다. 그러기에 서로 비슷하고 익숙해서 서로에게 잘 맞는 것 같은 느낌의 그 동질감이란 것이 허물어질 때는 여지없이 실망하곤 하는 것이다. 한마음, 한 느낌의 공감 코드가 제대로 딱 들어맞는다는 게 실상은 그리 쉽지 않다는 것을 뻔히 알면서도 말이다.

"굳이 말 안 해도 내 마음 알지?" "너도 나와 같은 생각이지?" "우리는 일심동체!" 그러나 나 아닌 다른 너는 절대 나와 같을 수 없다. 혹 어떤 상황에서 보고 느낀 감정이 비슷하다 할지라도 어느 정도의 차이는 있다. 더구나 그것을 현실에서 적용할 때는 극명한 차이로 드러나기도 하는 것이 사람의 본심인 것이다. 그러니 서로의 이름을 알고 성격을 알고 평소의 모습을 잘 알고 있다고 해서, 그 사람에 대해 전부를 알고 있는 것은 아니라는 뜻일 게다. 보이는 모습이 실제의 모습과 일치하지 않을 수도 있음은, 보이는 것이 응당 다는 아니라는 의미이다. 그래서 사람의 참마음을 온전히 알 수 없다는 결론은, 설령 다른 사람에게 이해받지 못한다 할지라도 괴로워할 필요는 없다는 말로 대신할 수 있을지도 모르겠다. 최악의 경우 오해로 인해 갈등을 겪고 관계가 악화될 수도 있는 노릇이지만…. 이것 역시 타인이 내 마음을 모르는 것은 지극히 당연하다는 것을 인정하지 못한 탓이다.

이 나이까지 참 많은 사람들을 만나며 살아왔다. 개성도 성격도 취향도 제각각인 사람들 틈에서 그래도 남에게 싫은 소리 듣지 않고 무난하게 견디어 온 것이 신통하다. 어쩌면 그 비책 중의 하나는, 나와는 다를 뿐 무조건 그들이 틀렸다고 판단하지 않았음이 아닐까 싶기도 하고…. 돌아보면 끝내 곁을 줄 수 없었던 사람들도 있었고 정말 비상식적인 사람도 있었으며 인간관계의 소중한 신의를 아무렇지도 않게 저버리는 사람으로 인해 힘들었던 기억도 있다.

인간사만큼 어려운 것이 세상에 또 있을까. 오래 보았음에도 정이 도통 안 가는 사람이 있는 반면, 잠깐이었는데도 왠지 마음이 끌려 좋은 관계로 발전하기도 하니 말이다. 각양각색의 인간이 살고 있는 이 세계는 단순히 '좋고 싫음'으로만 판단할 수 없는, 아주 복잡 미묘한 구조임을 뒤늦게 노년이 되어서야 깨닫고 있다. 대인 관계란, 일정한 방식으로 풀 수 있는 공식도 없고 다 같이 지키기로 약속한 선악의 법칙도 없다는 말에 공감한다.

  우리는 흔히 "친한 사이에도 예의는 갖춰야 한다."라고 말하곤 한다. 그러나 정작 구체적인 방법에 대해서는 여전히 잘 모르는 듯하다. 엄연히 피해야 할 난처한 질문이 있고 면전에서 내색하지 말아야 할 낯빛이 있으며 도가 지나친 간섭은 주의해야 하는데…. 어째 그 분간되는 한계가 애매모호하고 들쑥날쑥하니 말이다. 원래 변덕이 죽 끓듯 하는 것이 인간의 내면적 본성이라, 상대의 진심 또한 자신 있게 안다고는 어느 누구도 감히 장담할 수 없을 터이다. 그러니 할 수 있는 한 최대한 결례를 덜하는 적정선에서 최선의 관계를 유지해야 함이다. 법정 스님이 그랬던가. "사람과 사람 사이는 그리움과 아쉬움이 받쳐 주어야 신선감을 지속할 수 있다." 아하! 너무 가까이도 아니고 그렇다고 너무 멀리도 아닌, 그 알맞은 거리라는 것이 가끔은 헷갈려서 탈이다.

  '네가 나를 모르는데 난들 너를 알겠느냐.'는 '내가 나를 모르는데 넌들 나를 알겠느냐.'와 크게 다르지 않다. 나도 정작 내 자신을 잘 모른 채 살고 있으면서 애먼 누구 탓을 할 수 있을 거나.

"타인을 정말로 잘 알고 있는 사람은 없다. 기껏해야 그들이 자신과 같을 것이라고 생각할 뿐이다."라고 말한, 존 스타인벡이라는 사람의 혜안이 놀랍다.

가족은 나의 창과 방패

　몇십 년 살을 부대끼며 동고동락한 부부 사이에도 여전히 모를 것은 존재한다. 부부는 일심동체가 아닌 엄연한 이심이체이다. 그래서 동상이몽이 생겨나는 것은 마땅히 그러할 수밖에 없는 것이다. 오랜 세월을 살아도 어째 부부간의 부대낌은 그대로이다. 조금의 나아짐도 없는 상태로 제자리걸음인 것이, 그냥저냥 더 큰 마찰 없이 사는 게 능사가 되어 버린 지 오래이다. 한 치의 양보 없이 서로의 살얼음 위를 걷기 일쑤였던 많은 날들이, 노년의 나이에 이르면 시나브로 상대에 대해 많은 것을 포기하며 살게 마련이다. 그럼에도 가정의 평화를 위해 꾹 참고 삭이며 넘겨야 하는 문제들은 끊임없이 생겨난다. 간혹 '님'이라는 글자에 점 하나를 찍으면 '남'이 되는 극한 상황까지 가는 사람들도 적지 않은 것을 보면, 참는 것에도 한도가 있음이다. 설령 그것이 이해가 아닌 오해로 곡해되었다 해도 가족 관계가 인위적으로 소멸되는 것은 참 가슴 아픈 일이다.

이에 질세라 분신인 자식들 또한 삐거덕거려 부모의 애간장을 태우며 때때로 덧불을 지르기까지 한다. 성격 차이로 혹은 세대 차이로 야기되는 이런저런 문제들이 가장 빈번한 곳이 가족이라는 공동체가 아닐까 싶다. 이 세상의 많은 비극 중 대부분이 아마도 가족 내 갈등에서 비롯된 것이 아닐까 생각될 정도로, 나와 가장 가까운 가족이 불행의 씨앗이 되기도 하니 말이다. 가족이라고 해서 모두 다 사랑이 넘치는 것은 아니다. 알콩달콩 사이좋게 사는 가족은 생각보다 흔치 않고 그저 데면데면하게, 그보다 더해 아예 대화 부재로 남남처럼 사는 가족들도 있을 수 있다.

가족이라고 다 아는 것도 아니다. 많은 공통점이 있는 것 같기도 하면서도 상이점 또한 존재하는 가족 관계…. 물론 가족은 조건 없는 사랑을 나누는 사이이다. 심리적인 유대감 역시 그 어떤 집단보다도 강하다. 그러나 '가족은 서로를 잘 아는 이방인'이라는 말도 있다. 유대紐帶란 끈과 띠를 이른다. 서로 연결하거나 결합하게 하는 것으로, 이것은 각각의 개성을 이해해야만 비로소 생길 수 있는 감정이다. 그러려면 정서적인 소통이 잘 이루어져야 하는데, 이것은 얼굴을 마주하며 이야기를 주고받는 진솔함이 있어야 가능하다.

간혹 내 편인 듯하면서도 어떨 때는 내 편이 아닌 가족. 발에 맞지 않은 신발을 신은 것처럼 늘 마음에 고통을 주는 부부가 있을 수 있고, 자식은 애물이라고 언제나 부모에게 걱정만 끼치는 자식이 있을 수도 있다. "자식 겉 낳지 속은 못 낳는다."는 속담대로 그 속에 품은 생각을 알 수 없으니, 내 자식은 내가 잘 안다는 말은 어쩌면 착각이지 싶은 것이다. 형제와 자매 또한, 가족 간의 긴장감을 조성하는 관계가 될 수도 있다. 동기간에 화합이 잘되어 우애가 두터운 집안이 있는 반면에 만나기만 하면 늘 으르렁거리며 다투는 가정도 있으니 말이다. 그 어느 누구보다도 아껴 주고 격려하고 품어 주어야 할 가족이라는 울타리가, 보이지 않는 악감정의 철조망이나 무관심의 벽으로 견고하게 굳어 간다면 참으로 끔찍한 일이다.

 부모와 자식 그리고 형제자매 사이에 흐르고 있는, 한 핏줄이라는 혈육적 동질감은 무엇에 비할 수 없을 정도로 끈끈하다. 허나 이면에는 촌수寸數에 버금가는 그 무엇이 있을 수 있다. 그게 돈 문제일 수도 있고 체면에 관한 일일 수도 있다는 것이다. 가족들이 일상적으로 나누는 대화는 아주 사소하고 하찮은 이야기일지라도 중요하고 값지다. 그러나 가족이니 무슨 말을 해도 괜찮다고 생각하는 안이함은 피해야 한다. 생각해 보라. 아무리 가족이라도 저마다 속에 있는 말을 있는 대로 다하고 산다면 어느 가정인들 온전하게 평안할 수 있으랴. 가족이라면 해도 좋을 말들이 있고, 가족이라서 해서는 안 될 말들도 있는 것이다. 좋은 일은 물론이고 어려운 일도 같이 나누어 분담함이 지극히 공정한 얘기이나, 현실은 그리 녹록지 않음도 엄연한 사실이다. 더하여 절대 가족 간에 희생을 도맡은 억울한 사람이 있어서는 안 된다는 명확한 개념 하나는 명심하고 살 일이다.

혹, 찌르고 할퀴고 소리치며 속 뒤집는 말을 예사로 퍼부어도 가족이니 무방하다고 생각하고 있지는 않은가. 가족이니까 싸울 때는 내 성질대로 다 싸우면서도 화해는 내가 마음 내킬 때 하면 된다는 이기적인 논리를 갖고 있지는 않은가. 그런 일들이 반복되며 점점 회복이 더딘 상처로 번져 가족임에도 그예 등을 돌리고 마는 가정들이 있는 것을 종종 본다. 아무리 친밀하고 가까운 가족 사이라 해도 허구한 날 마냥 웃고 지낼 수만은 없다. "웃고 지내도 주름이 잡힌다."는 말이 있다. 좋게 지내도 이럴진대 서로의 마음을 쑤시며 아프게 한다면 그 상흔이 오죽하랴. 아무리 그렇다고 해도 굳이 척지고 살 것까지는 없지 않나 싶으면서도…. 여북하면 그랬을까 싶어 막연한 가늠을 해 보지만, 이런 사례들은 어찌 되었든 안타까운 일이다. 가족은 그러기에 어느 관계보다도 더더욱 배려가 필요한 사이가 되어야 한다. 어떤 점에서는 가족이어서 가까운 만큼 더 조심스러운 관계일지도 모른다. 보다 더 쉽게 상처를 주고 상처를 받을 수 있으니 말이다.

가족은, 더러 남보다 못한 사이가 되어 나를 공격하는 날카로운 창이 되기도 한다. 그러나 무시로 외부의 적을 무찔러 수비

하는, 든든하고 믿음직한 창이 되어 주는 것이 가족이다. 게다가 많은 경우 나를 위험과 비난에서 막아 주는 방패 역할을 겸하기도 한다. 이렇듯 견고한 울타리로 둘러싸 나를 끝까지 보호하는 안전 창구가 바로 가족인 것을 잊어서는 안 된다. 누가 뭐라 해도 '가족'이라는 이름으로 결속된 무형의 힘은 그 무엇보다도 강하다.

　내 임종을 지켜 줄 사람은 누구일까? 누가 내 옆에 있어 손을 잡아 줄까? 하늘나라로 떠나는 나를 배웅해 줄 사람은? 곰곰이 생각해 보라. 나를 최후 순간까지 돌봐 줄 사람은 아마도 가족 외에는 없지 싶다. 노인일수록, 내 주위에 머물며 날마다 보살펴 주는 가족에게 늘 고마워해야 한다. 혹 가족이 아닌 타인이 나를 챙기고 있다면, 그 사람을 다름 아닌 나의 가족처럼 대해야 하며 그에게도 수시로 감사해야 함이 옳다. 피붙이도 힘들어하는 노인 봉양을, 정성을 기울여 보호하고 도우며 간호함은 헌신이자 희생이다. "긴 병에 효자 없다."는 속담이 괜히 있는 것이 아닐진대, 가족이건 남이건 나를 자기 몸처럼 여겨 구완을 해 준다는 건 고로 숭고한 일임에 틀림이 없다.

효^孝는 강요하는 것이 아니다

 자식이 무슨 말년의 보험이라도 되는 양 막무가내로 기대는 노인들이 있다. 이것은 정말 타산적이고 바람직하지 못한 부모상이다. 부모의 역할은 물질적, 정신적 지지자로서 주어진 환경 안에서 전력을 다해 그들을 양육하여 경제적, 심리적인 독립을 시키는 것으로 끝내야 한다. 부모가 자식을 끝까지 책임질 수 없기에 그들은 응당 자립해야 하고, 자식 또한 부모의 보호 아래 평생 머물 수 없기에 스스로를 책임지는 자율적 인생을 살아야 한다. 부모가 곁에서 자식들을 다잡고 인도했던 길잡이 역할은 어느 기간이 되면 자연스레 멈추게 되어 있다.
 '독립'은 다른 것에 예속하거나 의존하지 아니하는 상태로 됨을 의미한다. 그런데 흔히들 이 독립을 본가에서 나오는 것이나 내보내는 것으로만 알고 있는 듯하다. 머무는 공간의 분

리만이 아닌 부모와 자식 간의 각자 독립적인 인생이 그 단어의 본질이다. 독립을 시켜 놓고 나서도, "내가 널 어떻게 키웠는데~", "이제는 자식인 네가 나를 책임져야지!" 등등을 입에 달고 사는 부모들이 있다. 이런 사고방식은 서로를 고통스럽게 만드는 갈등의 골이 될 뿐이다. 부모가 자식을 양육하는 것은 엄연한 부모의 도리이지 결코 희생이 아니다. 그 말을 어쩔 수 없이 듣는 자식 입장에서는 기꺼이 그 희생에 대한 보상을 감수할지도 모를 일이나, 이런 말과 행동들은 오히려 서로를 힘들게 할 뿐 아무런 득이 되지 않는다. 그러니 자식을 독립시킬 때는 부모가 먼저 자식으로부터 완전 독립해야 한다. 그것이 우선되어야 억울하다거나 서운하다거나 배은망덕하다거나 하는 여타의 감정적 소모 없이 서로가 자유로울 수 있는 것이다.

부모가 자식에게 아낌없이 퍼부어 키웠다고 자식도 부모에게 그대로 해 주기를 바라서는 곤란하다. 그들이 내가 원하는 대로 해 주지 않는다고, 내 말을 잘 듣지 않는다고, 내 마음을 몰라주는 것 같아 허우룩하다고 불평하지 마라. 효도? 해 주면 고맙고 안 해 주어도 어쩔 수 없는 것이다. 그러니 자식이 나에게 무언가를 해 주었을 때는 진심으로 고마움의 표현을 건네야 한다. 자식이라면 부모에게 잘해야 하는 것이 당연하다고 여기는 아집은 편견이다. 남의 집 자식처럼 맘껏 뒷바라지 못 해준 것에 대한 미안함이 더 클지언정 어찌 자식에게 공치사를 늘어놓는 부모가 되랴. 자식을 기르며 알게 모르게 준 상처에 대해서는 한마디 사과도 없이 일방적으로 불쑥불쑥 내미는 요구는 오만이다.

  어버이를 잘 섬기는 일은…. 순전히 그들이 마음 내켜 기꺼이 사랑으로 하는 것이지 결코 억지로 강권하는 덕목이 아니다. 혈연관계의 부모니까 마지못해, 혹은 주위의 이목이 있으니 울며 겨자 먹기로 그리한다면 그 노릇을 어찌 하랴. 노후를 힘들게 하는 원인 중 하나가 바로 자식과의 보이지 않는 감정싸움이라고 한다. 늙은 부모 입장에서는 다 자라 어른이 된 자식들과 터놓고 소통하는 일이 생각보다 쉽지 않을 수도 있겠지만, 어쩌면 자식 또한 애로 사항이 분명 있을 것이다. 나이 들어가는 부모와 다 큰 자녀 사이의 거리감이 생기는 것은 어쩌면 사세고연事勢固然한 현상일지도 모른다.

  세상이 어떻게 변하든지, 자식한테 뭘 해 달라는 걸 미안하게 생각해야 한다. 부모라고 해서 자식에게 무조건 강요해서는 안 되는 것처럼 자식 또한 무조건 부모를 이해해야 하는 것은 아니다. 젊은 세대를 내 마음에 쏙 맞게 바꿔 보려는 노력은 괜한 헛수고이다. 내가 시켜서 저리하는구나 싶으면 엎드려 절 받는 기분이 될 터이니 그것 또한 달갑지 않은 일이다. 행여 독립한 자녀가 나를 자주 보러 안 온다고, 안부 전화를 뜨문뜨문한다고 불평하지 말아야 한다. 젊은 세대들은 우리가 생각하는 것보다 더 복잡한 세상에서 정신없이 살고 있다. 다 그럴 만한 이유가 있을 것이니, 그들보다는 한가한 부모가 바쁜 자식들을 이해해 주어야 한다.

내가 부모라는 이유를 들어 행여 그들의 분주한 삶의 현장에 아무 때나 끼어드는 간섭을 하지 말 일이다. 자식들도 그들만의 생활 리듬이란 것이 있는데 무시로 그것을 깨트려서야 될 일인가. '부모'라는 자리는 자식을 좌지우지하라고 받은 자격증이 아니다. 성인으로 사회에 내보냈으면, 결혼시켜 부모를 떠나게 했으면 일단 해야 할 보호자 역할은 다한 것이다. 그에 대한 보답으로 자식에게 효를 요구하며 생색을 내는 부모가 설마 있겠는가마는…. 부모와 자식은 이해관계가 얽혀 있는, 주종적인 갑과 을의 관계가 결코 아니다.

어느 부모이든 "자식 농사 잘 지었다."는 말을 듣고 싶어 한다. 자식을 잘 키웠다는 의미는…. 스스로 권리와 의무를 감당할 수 있는 자주적인 자세를 가진 사회의 일원으로서, 제구실을 바로 하는 반듯한 인성으로 잘 성장시켰다는 뿌듯함이다. "자식도 농사와 같다."는 말처럼 자식을 낳은 후에는 각 시기에 알맞게 돌보는 정성이 필요하다. 아버지와 어머니로서 그렇게 애쓴 후의 결실이 보람으로 풍성하다면 진정 벅찰 것이다. "부모가 착해야 효자(가) 난다."는 속담 또한 기억해야 함은 부모 성행性行이 좋아야 자식도 착하다는 의미일진대…. 자식에게 효 운운하기에 앞서 부모가 훌륭한 본보기가 되어야 함이 먼저이지 않을까 싶다.

세상에는 여전히 노부모를 돌봐야 하는 자식들이 있고, 되레 자식이 있음으로 해서 괴로움과 고단함을 짊어지고 사는 노부모들도 있다. 누구나 자신의 노후 생활비나 치료비는 자식에게 손 벌리지 않고 당당하게 내 돈으로 마련하고 싶은 마음이 굴뚝같다. 하지만 사는 여건이 여의치 않아 힘든 사정도 처처에 있음을 우리는 잘 알고 있다. 어느 누구인들 자신의 노후를 그렇게 맞이하고 싶었겠는가. 자식 문제, 재정적 상태, 배우자와의 갈등, 주변 환경 등등 각각 처해 있는 형편이 노후 계획과 많이 어긋나 있을지라도…. 비록 지금, 내가 당면해 있는 이 상황이 내가 꿈꾸어 왔던 그런 노후가 아니라 할지라도…. 그래도 자식 원망만큼은 절대 하지 말 일이다.

제4부

영고일취─인생의 변덕스러움

그 연세에 · 이 나이에

인생의 선배들은 저마다 얘기한다. 60대는 달마다 늙어 가지만 70대는 날마다 늙어 간다고. 그럼 80대는? 시간마다 늙어 가는 걸까? 90대는? 설마, 분마다 늙어 가나? 60대는 60킬로, 70대는 70킬로, 80대는 80킬로의 속도로 시간이 흘러가는 것 같다고 말하는 것을 보면…. 나이만큼 늘그막의 시간은 비례하나 보다.

나이라는 게 참 그렇다. '그 연세에'라는 말이 언뜻 듣기에는 칭찬(?)처럼 들리기도 하지만 가만히 생각해 보면, 은근히 부아가 치밀어 못내 서운할 때도 있다고 하는 것을 보면 말이다. 그 연세에 어떻게 그렇게 정정할 수가 있으시냐, 그 연세에 어떻게 그런 일을 하실 수 있으시냐, 그 연세에 어떻게 그런 도전을 하실 수 있으시냐…. 주위의 반응들은 실로 다양하다. 감탄과 환호? 그러나 이게 순수한 놀라움의 표현인지 아님 듣는 이가 새겨들어야 할 우려인지 헷갈릴 때가 종종 있는 경우도 많다. 단지 나이가 많다는 그 이유 하나만으로 별것 아닌 일에 예의를 깍듯이 갖춰 주는 건 어째 머쓱하니 좀 그렇다. 오랜 경험과 노하우를 가진 노인임에도 나이가 많아 멸시받는 사회도 슬프기는 매한가지이지만. 아마 '그 연세에'라고 말하는 사람들의 속내에는 어느 정도 노인들에 대해 과소평가하는 부정적인 시선이 깔려 있기에 그리 표현했을 것이다. 아무리 좋게 생각해도 '늙음'은 어쩔 수 없이 긍정보다는 부정의 인식이 더 팽배해져 있는 듯하다.

타인에게 듣는 '그 연세'도 문제지만 자신이 말하는 '이 나이'도 문제는 있다. 스스로 습관처럼 말하는 이 말. 이 나이에 무슨 일을, 이 나이에 어떻게, 이 나이는 힘들어···. 자청해서 맞아들이는 늙음은 여지없이 좌절, 포기, 낙담으로 이어진다. 자꾸 움츠러드는 이 소극적 자격지심은 신체에 영향을 끼칠 수도 있다. 여든이 넘으면 10명 중 3명만 생존한다고 한다. 오늘 살아 있다는 것만 해도 감사하다고 느끼는 사람이 있고, 노화가 서글프고 우울하다고 말하는 사람도 있다. 이렇듯 노화에 대해 각자의 생각이 다른 것은 그 사람의 성향 내지는 기질 차이일 것이다. 그러나 어차피 늙을 것, 부정적인 생각보다는 이왕이면 긍정적으로 생각하는 것이 내 건강에 더 좋지 않을까.

긍정적인 노화는 자연의 순리를 인정하는 것에서부터 시작

된다. 아, 나도 나이가 들어가고 있구나! 제아무리 건강 관리를 철저히 한다 해도…. 아마도 늙음에 맞서기에는 거의 불가항력일 것이다. 눈이 침침해지고, 키는 줄어들고, 머리숱도 적어지고, 잘 들리지도 않고, 걸음걸이까지 느려지고, 얼굴에 검버섯과 잔주름은 늘어나고, 피부는 쭈그러져 윤기를 잃어가고, 치아는 하나둘 흔들리고, 어깨는 자꾸 구부정해지는 것 같고, 관절은 아프지 않은 곳이 없고, 어쩌다 감기에 걸리면 회복 속도도 젊을 때와는 확연히 차이가 난다. 뭔가를 읽어도 금방 잊어버리기 일쑤이며 잘 두었던 물건을 찾지 못해 온 집안을 뒤지는 일이 비일비재하니 어느새 나도 나를 믿지 못할 지경에 이르렀다. 아, 이러니 도대체 이게 뭔가 싶어 솔직히 늙는 게 덜컥 겁이 난다. 더하여 해마다 진단받는 겹겹의 질병에 만성통증까지…. 아이고, 이 노릇은 또 어찌하랴. 마치 걸어 다니는 종합병원이 된 것 같아 종종 절망스럽다. 노년기로 상징되는 이 모든 신체 변화를 날로달로 겪으며 살아야 하는 노인들의 암울한 심정을 어느 누가 온전히 공감하고 이해해 주려나.

  이런 모습에서 학처럼 고고한 노년의 기상을 찾는다는 것은 참으로 아득한 일이다. 허나 이렇듯 외모가 변하고 쇠약해지는 것은 강산이 변하는 것만큼 지극히 당연하다. 늙음을 자연의 정해진 이치로 너그럽게 받아들이면 그뿐, 탄식도 좌절도 할 필요 없다. 거울도 보기 싫을 정도로 나날이 초라해지는 용모…. 내가 근심하는 만큼 남들은 타인의 사소한 데까지 세세히 신경 쓰지 않는다는 뜻밖의 사실을 위안으로 삼자. 나에게 모두가 친절하게 대해 준다는 느낌이 든다면…. 그게 바로 내가 늙었다는 증거라고 한다. 혹자는 무관심(냉담) 또한 효용 가치가 없어진 노인들을 바라보는 시선이라고 말하기도 하더라만. 왠지 그것까지 인정하려니 서글픔이 밀려온다. 여하튼 친절이든 무관심이든 그게 무엇이 되었든 이 두 가지 중에 하나라도 느꼈다면 늙었음을 자각해야 할 시점이라는 얘기이다.

우리나라 사람들은 유별나게 나이에 민감한 민족인 듯하다. 모르는 사람을 만나면, 먼저 저이는 몇 살쯤 되었을지가 궁금하단다. 나보다 위인지 아래인지를 확실히 알아야 실수하지 않고 제대로 된 대화를 하지 않겠느냐고 말하는 사람들도 많은 걸 보면 말이다. 양력, 음력을 따지는 것은 물론이고 생일이 지났네, 안 지났네, 하며 어떻게든 몇 개월이라도 젊어지고자 하는 속내들을 은근히 내보이기도 한다. 그게 어떻게 계산된 나이이건, 호적에 틀리게 올라간 나이이건…. 일단 법이 정한 신분증 나이로 노인의 기준선을 넘었다면 나이 들었음에 흔쾌히 동의하는 것이 오히려 당당하다. 나이가 들었기 때문에 노인이 되었고, 노인이 되었기 때문에 나이 듦을 증명하게 되었으므로….

그러니 이제부터는 한 살이라도 젊어 보이려고 애면글면 애쓸 것도 없다. 헛헛한 노화의 반증일 뿐이다. '그 연세에'라는, 높이 평가해 주는 달콤한 말에 행여 현혹되어서는 안 된다. 힘에 부치는 '슈퍼노인증후군' 증상에 공연히 시달릴 필요는 없지 않은가. 찬사를 듣고 싶어 하는 인간의 심리를 어쩌겠냐마는, 나이보다 젊어 보인다고 해서 기분 좋아할 일이 아니며 나이보다 늙어 보인다고 해도 속상해할 필요가 없는 것이다. 딱 내 나이만큼 봐 준다면 그것으로 만족할 일이다. 아! 또 하나, 아직도 자신의 근력이나 기운이 동년배들과 달라 자신감이 넘칠지라도 같은 노인들 앞에서는 드러내 놓고 자랑하지 말 일이다. 오히려 노인들끼리 함께 움직일 때는 비슷비슷한 서로의 나이테를 헤아려 그들의 마음은 물론 몸까지도 감안해 배려심을 가지고 행동해야 하는 것이다. 그 열정은 높이 살 일이지만 그래도 노익장을 과시하기보다는 노익장을 유지하고 있는 자기 만족으로 그쳐야 한다. 주위에 혹여 상실과 박탈로 인해 말년의 고통을 느끼고 있는 이들이 분명 있을 것이므로.

나이를 자신의 한계라고 여겨 '여기까지'라고 선을 그어 놓을 것까지는 없다고 쳐도…. 그 연세와 이 나이는 어쩔 수 없는 노년의 경계선을 이미 넘어섰다. 정신적인 나이로는 뭐라도 할 것 같지만 물리적인 나이로는 이미 노쇠해져 가고 있는 것이다. 그냥 현재의 내 체력으로 할 수 있는 범위 안에서 무리하지 않고 할 수 있는 일을 찾으면 된다. 비현실적인 건강의 로망에 얽매여 아등바등하지 말 일이다. 그러니 여전히 뭔가 해야만 할 것 같고 오늘도 바빠야 할 것만 같은 강박 관념에서 벗어나자. 양육의 책임과 부양의 부담에서 벗어난 내 노년의 절대적 자유를 맘껏 즐기면서, 그간의 내 노고를 자찬하면서 이왕이면 즐겁게 나이 먹기로 작정하자. 노년은, 그렇게 마음이 편해져야 하는 나이이며 그리하여 몸이 편해야 하는 나이이다. "불사不死도 없지만 불로不老도 없다."는 말은, 변치 않는 만고의 진리이다.

평균 수명에 얽매이지 말 것

어제는 손목이 시큰거리더니 오늘은 허리까지 결린다. 내일은 또 어디가 약해져 고장이 나려나. 마음이 뒤엉켜 심란하다. 조금 괜찮다 싶으면 기다렸다는 듯 엉뚱한 곳이 연이어 말썽을 일으킨다. "조그만 사람 몸뚱이에 뭔 병명이 그렇게 많이 있는지 모르겠다."며 한숨을 푹푹 내쉬던 한 지인이 생각난다. 아, 그게 남의 일이 아닌 점점 내 일이 되어 가는 느낌이다. 이제 겨우(?) 법적인 노인의 범주에 들었을 뿐인데, 온몸이 점차 폐기 직전의 고물이 되어 가는 것만 같다. 하긴 친구들도 저마다 어깨가 아프니 무릎이 아프니 하는 걸 보면 나만 그런 건 아니지 싶어 조금은 위로가 되고 있지만….

70대를 넘기고 80대의 세월을 사는 사람들은 어떻게 이 지난한 늙음의 과정을 지났을까. 어떨 때는 그만 그들의 나이가 부럽기까지 한 걸 보면, 딱하게도 나는 늙는 것에 대한 담담함과 자신감을 아직 장착하지 못했지 싶다. 그냥 시간을 건너뛰어 할 수만 있다면, 언제 가도 억울하지 않을 나이로 순간 도달하고 싶기까지 하니 말이다. 그만큼 몸이 덜 아플 터이니 얼른 저 나이가 되고 싶다는 바람은 헛헛한 마음을 못내 미어지게 한다. 세상에, 오래 살고 싶음이 아닌 빨리 늙고 싶음이라니!

비슷한 또래의 친구들이 모이면 빠지지 않고 하게 되는 화제가 있다. 건강이 안 좋아져서 병원에 다닌다. 새로이 약을 먹게 되었는데 부작용이 걱정이다. 먹어야 하는 약이 하나 더 늘어서 우울하다. 이런 증상에는 어느 병원엘 가야 하느냐? 등등. 날마다 챙겨 먹어야 하는 약과 영양제가 '한 움큼'이라고 한탄하는 친구 말에 다른 친구 왈, 그건 약과라며 자기는 '한 공기쯤' 된단다. 거기에 틈틈이 먹고 있는 건강식품까지 보태면 '한 대접'은 족히 넘고도 남을 거라고…. 조용히 듣고 있던 또 다른 친구가 날린 결정타. 어제 이 병원 저 병원 순례(?)를 하고 나니 손에 들린 것은 '쇼핑백에 가득한 약'뿐이더라고. 그걸 애지중지 들고 집에 오는데 늙는다는 설움에 그만 울컥하더란다.

2020년 통계청 지표를 보면, 우리나라의 평균 수명은 83.5세이다(남자는 80.5세, 여자는 86.5세). OECD의 평균 수명이 81살인 것을 보면 우리나라의 경우는 상당히 높은 편이다. 어쩌면 앞으로 이 수명에 관한 수치는 더 길어질 것이 자명하니, 100세 시대를 살아갈 건강 전략이 필수라는 말들에 고개를 끄덕이게 될지도 모를 일이다. 최소한 얼마를 살다 가야 아쉽지 않은 걸까? 젊은 나이에 죽는 요절이야 당연히 누구나 꺼리겠지만, 타고난 수명을 다 채우며 서서히 늙어 죽는 홍복은 아마도 누구나 원하는 소원일 게다. 그렇다면 자손들에게 호상이라는 말을 듣게 하려면, 이제는 90년 정도는 넘게 살아야 하는 것은 아닐까 싶어 가슴이 답답해진다. 몸뚱이 구석구석은 하루가 다르게 말썽을 피우며 퇴물이 되어 가는데, 어떻게 그 남은 긴 시간을 구차하게 병들어 쇠락한 몸으로 꾸역꾸역 살아야 할지 아뜩해지는 것이다.

　우리 모두는 '죽음'이라는 같은 운명을 갖고 태어났다. 죽음은…. 불공정하지 않은 인간 세상에서 유일하게 공평하다. 왕후장상도 예외는 아니니 귀천貴賤이 있을 수 없다. 사람은 다 죽는다. 그렇게 너 나 할 것 없이 모두 죽는다. 다른 이들보다 운 좋게 몇 년을 더 산다 할지라도 결국은 죽는다. 설혹 남들이 거뜬하게 사는 평균 수명보다 몇 년 일찍 죽게 된다 하더라도 그리 억울해할 것도 없다. 생각해 보면 거기서 거기 오십보백보이다. 주위의 친구들은 다 떠났는데 나 혼자만 살아 있다면? 그 삶이 얼마나 무력하고 공허할지. 9988234.―99세까지 팔팔(88)하게 살다가 2, 3일 앓고 죽는(4) 것이 행복한 인생이라고들 한다. 자녀들에게 노환의 부담을 주지 않고 일생을 편안하게 마감하기 위해서는 노인 스스로 건강 관리에 관심을 갖고, 질병 예방에 적극 힘써야 한다는 뜻도 함축되어 있다는데….

글쎄, 이건 누구나의 간절한 소원이지만 말 그대로 실현 가능성 없는 허망한 바람이다. 저마다 하늘에서 받아 온 생의 길이는 차이가 있다. 유한한 인생에 대한 근본적인 두려움은 누구나 가지고 있기에 그런 말도 나오는 걸 게다. 내가 내 명命이라도 내 임의로 다룰 수 없는 것. 그래서 인명은 재천이다. 혹여 천수를 누린다 한들 늙어 쓸모없이 무능력한 노인으로, 실체는 있지만 없는 존재가 되어 투명 인간 취급을 받으며 살아야 하는 현실은 냉혹할 것이기에…. 부디 내 명줄이 너무 길지 않기를 바랄 뿐이다.

　스티브 잡스는 '죽음을 삶이 만든 최고의 발명품'이라고 했다. 그는 본인이 곧 죽을 거란 사실을 기억하는 것이 인생에서 커다란 선택을 내릴 때 가장 큰 도움을 주는 것이라고 말했다. 노년은 여지없이 누구나 시한부란다. 생자필멸生者必滅. - 생명을 가진 존재는 반드시 죽는다. 그러니 인생이란, 삶의 한가운데 있는 듯하지만 엄밀히 말하면 죽음 속에 있는 것일지도 모르겠다. 우리는 애써 태연한 척 잊고 살지만, 본래 삶의 완성은 '죽음'이다.

어떻게 늙어야 할까

어떻게 늙어야 하는지를 알고 있는 사람은 드물다.

— 라 로슈푸코

어떻게 늙어야 할까…. 어느새 살아온 날이 앞으로 살아야 할 날의 몇 배가 되어 버린 나이. 새삼 꿈이란 걸 꾸기에는 확연히 늦었고 그렇다고 포기하기에는 여전히 미련이 웅크리고 있는 노년의 시기. 지난날의 회한을 껴안고 맞닥뜨린 노년의 두려움 사이에는 각자 살아온 궤적들이 삶의 수레바퀴가 되어 지나간 자국으로 고스란히 드러나 있다. 이렇게 지금껏 지내온 나의 내력은 내 모습에 스며들어 얼굴에 배어 있기 마련이라는데…. 그렇다면 현재 내 모습은 타인에게 어떻게 비쳐지고 있는 걸까.

"나이 40이 넘으면 자기 얼굴에 책임을 져야 한다."라고 말한 링컨 대통령의 일화는 많은 것을 생각하게 한다. 이미 그 나이를 넘겨도 훌쩍 넘긴, 인생의 종착역이 가까워진 일흔을 바라보는 늘그막에, 남이 바라봐 주는 '나'에 대해 새삼 진지해지는 것은 무슨 까닭일까. 어쩌면 '당신은 잘 살아왔다.'는 후한 인정을 받고 싶은 심리가 내심 은연중에 도사리고 있는 것일지도 모르겠다. 혹여 미진해 흡족하지 않은 그 무엇이 있었다면, 꼬리표를 떼어 내고 개운하게 쇄신하고 싶은 조바심이 이는 건지도.

세상의 일에 미혹되지 아니한다는 불혹不惑(40세)이 지난 지도 까마득하고, 하늘의 뜻을 안다는 지천명知天命(50세)을 넘긴 지도 꽤 오래전이다. 귀가 순리를 따른다는 이순耳順(60세)도 저만치 멀어져 갔다. 이제 머지않아 마음이 가는 대로 따라도 법도를 넘지 않는다는 종심從心(70세)을 기다리며 사는 중이다. 언감생심 졸수卒壽(90세), 상수上壽(100세 이상의 나이)를 탐내지는 않겠지만 그래도 어지간하면 산수傘壽(80세)까지는 소원하고 싶다. 혹 80세를 넘길 수 있다면 그때부터는 덤으로 얹어 주신 수명에 매일 감사하면서 살리라. 허나 그 나이까지 무사히(?) 살 수 있으려면 또 얼마나 많은 고비와 굴곡이 있을는지. 그러니 이제부터라도 어떻게 늙어 가야 할지에 대해 기력과 감정의 소진을 수시로 단속하며 야무지게 살아야 하지 않을까.

노인에 대한 당신의 느낌은 솔직히 어떠한가? 사회 경험이 많으니 현실 적응에 뛰어나다거나, 은퇴할 정도의 나이를 넘어섰으니 연륜이나 인격은 당연히 갖추었다고 생각하는가? 글쎄? 늙은 사람은 대체로 무능하여 노동력도 떨어지고 쓸모가 없다는 사회적 통념은 차치하고라도, 퇴행으로 인식되는 노인의 이미지는 일반적으로 씁쓸하고 쓸쓸하지 않을까? 나약함, 보살핌, 귀찮음과 부담이 연상되는 단어. 예지의 사고력은 고사하고 점차 판단력, 기억력, 순발력이 감퇴해져서 가정과 사회에 별 도움이 안 되는 사람들…. 아마 이런 것들이 먼저 떠오르지는 않을까? 대다수 많은 이들의 고정 관념이 그러하기에 그저 일부 사람들의 한쪽으로 치우친 선입견 정도로 넘겨 버리기에는 그 또한 찜찜하다.

우리 모두는 미처 노인의 삶을 경험해 보지 못한 채로 얼떨결에 노인이 되고 만다. 살아 보지 않은 미지의 삶은 막연해서 염려스럽다. 늙어 봐야 비로소 보이는 또 다른 세계가 있다고 했던가. '아! 이런 게 늙는 거였나?' 날마다 늙어 가면서 어렴풋이 또는 절실하게 느끼게 되는 자질구레한 그 무엇들. 늙어 가는 본인들이 어느 정도는 수긍하는 부분이 있기에 종종 비참한 기분이 들 때도 있지 않겠는가. 아아, 모든 것들과 작별할 날이 가까운, 어떤 의미로는 시한부 인생으로서 삶의 막바지를 향해 가고 있는 노인의 심정은 아마 두려움이 많은 부분을 차지하고 있을 것이다.

"어느 날 갑자기 세월의 한복판에 덩그러니 혼자 있진 않겠

죠."— 대중가요의 노랫말 구절구절에 괜스레 눈시울이 붉어짐은, 인생이라는 긴 다리의 끄트머리에 간당간당 위태하게 서 있는 내 자신을 의식하게 되면서부터가 아닐는지. '우린 늙어 가는 것이 아니라 익어 가는 것'이라고 했던가. 글쎄…. 익어 간다고? 부디 늙음이 정말 그런 것이라면 좋겠다. 늙어 가는 것을 익어 가는 것이라고 애써 생각할지언정, 그렇게라도 마음의 평화를 찾는 노력을 부단히 해야 한다. 남이 보기에는 마냥 애잔한 노년이라 할지라도 지금의 내 나이가 어때서! 세간의 평가에 일희일비하지 않는, 비로소 나 자신에게 오롯이 집중하기 딱 좋은 나이라고 스스로를 위로하면서 말이다. 외모의 퇴색에 자신감을 잃는 늙음으로 인해 위축되지 않고 산다는 것이 도를 터득하지 않은 이상 어디까지 가능할까마는, 그래도….

굳이 『논어』〈위정편〉 제4장을 빌리지 않더라도, 인생의 단계마다 이루어야 할 고지가 있음을 우리는 잘 안다. 그 목표에 이르기 위해서는 절대 불가렵등이진不可躐等而進.— 등급을 뛰어넘어 나아갈 수는 없다고 한 공자의 말씀에 고개가 끄덕여진다.

15세에는 학문에 뜻을 두어 공부하고, 30대에는 그것을 바탕으로 자신의 입지를 굳히고, 40대엔 확고한 가치관을 세워 흔들리지 않고, 50대엔 하늘이 주신 삶의 의미를 깨우치며, 60대엔 두루 이해하며 모든 것에 순리로 살며, 그리하여 70대엔 내 마음대로 살아도 타인에게 해를 끼치지 않게 된다면…. 정말 사람답게 살아 비로소 아름답게 늙어 가는 한 인격이 되지 않을까 싶다. 공자 자신의 일생을 되돌아본 자기 고백이 누구나의 것이 될 수는 없을지라도, 어느 정도나마 비슷해질 수 있다면 그래도 감지덕지이다. 아름답게 황혼을 맞이하는 법은, 다름 아닌 늙는 지혜이다.

　독선과 아집으로 똘똘 뭉친 고집쟁이로 보이지 않고, 안하무인으로 오만해 보이지도 않으며, 겸손과 배려가 스며 있어 훈장처럼 근사하게 주름진 얼굴. 흰 머리칼이 반짝거려 오히려 표정이 눈부신 사람. 욕심이 없어 보여 편하게 대할 수 있는 분위기. 그렇게 지난 세월을 멋지게 살아왔고 내내 그렇게 잘 살고 있는 이력을 증명할 수 있는 얼굴. 그런 당당함은 내가 어떤 마음으로 어떻게 행동하느냐에 달려 있을 터, 결국 보기 좋게 늙어 가야 하는 당면 과제는 순전히 내가 감당하기 나름이다. '자존감은 높게, 자신감은 크게, 배려심은 깊게' ― 부모로서 아이를 키울 때에 적용했던 양육법이 이제는 우리 스스로를 다독이는 데 쓰여야 한다.

　"낙이불류 애이불비 가위정야樂易不流 哀而不悲 可謂正也. ― 즐거우면서도 무절제하지 않고 슬프면서도 비통하지 않으니, 바르다고 할 만하다." 우륵의 말대로 풍진 세상사나 인간사에 일희일비하지 않고 살 수 있다면 오죽 좋으랴. 어떤 사정과 상황에도 심신의 균형을 제대로 맞추어 살며 늙음을 차근차근 준비할 수 있다면 그것이야말로 잘 늙어 가는 것이 아닐까 싶기도

하다. 늘그막은 사유와 관조의 삶이 되어야 한다. 그런 자족의 태도가 타고난 운명이나 수명을 똑바로 누리라는 하늘의 명령에 순응하려는 각오이기 때문이다.

내가 언제 죽을지 알게 된다면

미래는 검색할 수 있는 것이 아니다.

— 윌리엄 깁슨

혹 나의 미래를 미리 검색해 볼 수 있다면…. 불가능한 일이라는 것을 누구나 알고 있지만 자꾸 그쪽으로 마음이 가는 것은 어쩔 수 없나 보다. 미래가 궁금하지 않은 사람은 단연코 한 사람도 없다. 지금의 이 상황이 어떻게 될지, 내가 계획하고 있는 일은 잘 풀릴는지, 언제쯤 사는 것처럼 살게 될지 등등. 참으로 인생사에는 궁금한 일들이 다반사이다. 현재를 보면 미래가 보인다는 말도 있지만, 사람들은 이 말에 전적으로 수긍하지 않는다. 현재가 못마땅해 조금은 환한 미래를 꿈꾸고자 하는데, 현재를 보면 미래가 보인다니? 왠지 무기력해져 주저앉고 싶은 기분이 드는 것은 무엇 때문일까. 어쩌면 현재 열심히 노력하는 만큼 탄탄한 미래가 절대적으로 보장되는 것이 아닌 것을, 살아온 세월에서 어느 정도는 짐작할 수 있기 때문일지도 모르겠다.

내가 이 세상 떠나는 날을 미리 알 수 있다면? 이런 생각을 가끔 해 보곤 한다. 내심 알고는 싶지만 솔직히 미리 알아도 혼란스럽고 두려울 것만 같다. 인명은 재천이어서 가는 날은 하늘만 아실 뿐인데, 겁도 없이 그날을 앞서 알아서 좋을 것이 뭐 있을까도 싶다. 그래도 알 수 있다면…. 설혹 살면서 안 좋은 일을 당한다 해도 아직은 죽지 않을 거라는 걸 이미 알고 있으니, 어떤 면으로는 도움이 될 수도 있지 않을까. 지인에게 이런 얘기를 했더니 엉뚱하게도 그녀는 나보다 한술 더 뜬다. "기왕이면 어디서 어떻게 죽는지도 알면 좋겠다."라고.

만약에 그게 가능한 일이라고 가정한다면…. 천기누설의 무게를 나는 어찌 감당할 것인가. 내 디데이를 위해 갈무리할 것은 담담히 정리하고 참으로 홀가분한 마무리를 할 수 있을지. 아니면 실망에 절망을 거듭하며 좌절해 엉망진창으로 인생을 끝낼지도 모를 일. 할 수 있는 한 만반의 준비를 해서 후회 없이 생을 마감하게 되는 것도, 자포자기 될 대로 되라는 식으로 마구잡이로 남은 생을 살게 되는 것도 본인이 선택하기 나름이라면…. 하늘에서 제 운명을 미리 알아도 괜찮을(?), 마음 그릇이 큰 사람에게는 그날에 대해 살짝 귀띔해 주실 수도 있지 않을까.

주위에서 간혹 듣게 되는 임종담臨終談이 있다. '목욕재계하고 깨끗한 옷으로 갈아입은 후 반듯하게 누워서 편안히 죽음을 맞이했다. 갈 날 갈 시를 미리 아시는 것처럼 유언을 하셨다. 주변을 말끔히 정리하고 누군가를 기다리고 있었다.' 등등. 마치 소설 같고 영화 같은, 꿈처럼 신기한 이야기들이다. 아, 고승들은 자신이 열반하는 날짜를 스스로(?) 결정한다고 했던가? 그것이 현실적으로 가능한지의 여부는 잘 모르겠지만…. 어찌 되었든 작디작은 종지 주제에 그런 복을 탐내는 것 자체가 내 깜냥엔 어림도 없는 줄 잘 알고 있으면서도 때때로 이 귀한 복을 구하기도 한다.

잠잘 때의 평안한 모습으로 저세상에 데려가시는 것이 인생에 있어 마지막 축복이라는데…. 이 과한 복이 누구에게나 내려지지는 않기에 저마다 이런 죽음의 복을 소원하는 것일 게다. 병마에 시달려 고통이 극악에 이르렀는데도 숨이 끊어지지 않거나, 목숨 줄은 이미 간당간당 위태로운데 떠나는 것이 두려워 비명을 지르며 몸부림치는 모습은 상상도 하기 싫다. 아, 내가 받은 수명은 여기까지이구나! 마치 단잠을 자듯이 그렇게 생을 안락하게 마감할 수 있다면 오죽 좋으랴. 누구나 말년에 이르면 운명과 맞서 싸운다는 것이 애초에 불가항력이었다는 것을 인정할 수밖에 없게 된다. 죽음의 그림자가 눈앞에 아른거려 운명은 자꾸 문을 두드리는데, 그것을 막아 낼 피조물이 세상천지에 어디 있겠는가.

가는 것은 나이순順이 아니라고 하더니, 나보다 젊은(?) 이들이 유명을 달리했다는 소식을 받을 때가 있다. 그예 한 명 두 명 친구도 떠나기 시작한다. 친구가 먼저 죽더라도 흔들리지 않아야 하는데, 수구문水口門 차례가 가까운 입장에 서면 그게 어디 말처럼 쉬울 수 있을는지. 이 세상에 올 때야 순서대로 왔다지만, 어디 저세상 가는 앞뒤의 번호표가 따로 있으랴. 그렇게 앞서거니 뒤서거니 하면서 하직 인사를 하게 되는 것이 인생의 수순 아니던가. 아하! 내가 없어도 이 풍진세상은 여전히 잘 돌아갈 것인데 무슨 걱정이람. 내가 죽고 나면 조만간 사람들 뇌리에서 까맣게 잊히고 말 터인데, 무에 아직도 할 말이 남아서 미련투성이일까.

뭔가 이루지 못한 어떤 일은 거듭 생각해 봐도 내 힘으로는 어쩔 도리가 없었는데…. 내가 통제할 수 없었던 많은 일들은 정녕코 내 탓이 아니었던 것을…. 설혹 굳이 그렇게까지 할 필요가 있었을까 싶은 일이 있을지라도…. 여감餘憾이나 여한餘恨과 같은 찜찜한 말을 남길 필요가 있을 거나. 이런저런 상념 끝에 내린 결론은, '그냥 지금 이 순간 현재에 충실하자.'이다. 설령 내 미래를 미리 안다고 해도 우려가 줄지는 않을 터, 아니 오히려 수심이 몇 배로 가중될지도 모를 일이니 말이다.

요즘 드는 생각 하나. ― 이 세상에 태어남과 이 세상을 떠남은 결코 인생의 시작과 끝의 의미가 아닌 듯하다. 조물주에게서 받아 온 각자의 수명에 따라 그 선이 짧을 수도 길 수도 있겠으나 결국은 일직선으로 연결된 두 지점, 바로 여기와 또 여기가 아닐까 싶은 것이다. 그러니 사실 살아가는 것은 죽음에 조금씩 가까워진다는 것이고, 죽음 역시 저만치 동떨어져 이분법으로 나뉘는 별개가 아닌 엄연한 삶의 일부인 것이다. 여기까지는 삶, 저기부터는 죽음으로 경계 되어 있지 않은, 인생들에게는 아주 가깝게 우리네 삶의 어디에서도 쉽게 접할 수 있는 것이 바로 그 죽음이기에…. '복福 받으세요.'의 그 복이 전錢이 아닌 수壽이기를 간절히 원하는 것은 비단 나이 탓만은 아니리라. 부디 병에 걸리지 않고 고종명考終命의 천수를 다하고픈 염원은 노경에 접어든 자라면 누구나 가지고픈, 정말 소박한 복이지 않은가. 일상 가운데 편안한 임종을 맞는 일이 그만큼 어려운 것이기에 '복'으로 구분해 갈구해 오는 것이리라.

한 사람 인생의 분량이 100퍼센트라고 한다면, 삶과 죽음은 각각 50퍼센트씩의 공평한 지분으로 이루어져 있지 않나 싶다. 그 공정한 분량 중에 삶이건 죽음이건 어느 한쪽으로 치우친다면 그것은 그 사람의 운명일 것이다. 그러나 그 어느 것에도 치우치지 않고 균형감 있게 살아 내는 것이 삶의 지혜라면…. 내가 언제 죽을지를 알고 싶어 하는 그 마음보다는, 죽음을 인식하여 오늘 하루를 어떻게 의미 있게 보낼 것인가에 더 신경을 써야 하지 않을까. 아무리 죽는 일에 내남없이 불가항력적 공포를 느낀다 해도…. '죽음에는 편작扁鵲도 할 수 없다.'는데 어쩌겠는가. 원래 죽음에 대하여 사람은 그렇게 무력할 뿐이다.

나 혼자만 아픈 것이 아님을

80대 어머니를 모시고 사는 60대 친구한테 들은 얘기이다. 노모는 아침에 눈을 떠서 밤에 눈을 감을 때까지, 하루 온종일 딸에게 당신의 불편한 몸 곳곳에 대해 얘기하시곤 한단다. 어디가 얼마나 아픈지를 날마다 하소연하는 엄마를 못내 안쓰러워하며 지내고 있었단다. 그런 노모를 보살피느라 친구의 건강 상태도 썩 좋지는 않았는데, 아픈 티도 못 내고 그냥저냥 꾹 참으며 지내고 있었단다. 그런데 어느 날, 뜬금없이 노모가 자기를 무정하다고 원망하더란다. "나는 이렇게 아픈데, 너는 어떻게 맨날 들은 척도 안 하냐?" 그래도 애쓴다고 애쓴 자신의 고생은 온데간데없이 그 소리를 듣는데, 억울한 마음에 자기도 모르게 소리를 꽥 질렀단다. "엄마~ 나도 아파! 엄마만 아픈 게 아니고 나도, 나도 매일 아프다고요!" 친구는 자기가 노모한테 그날따라 왜 그랬는지 모르겠다며 한참을 속상해했었다. 친구는 지금, 한쪽은 어쩔 수 없이 의존하고, 또 다른 한쪽은 고통스럽게 책임을 져야 하는 아픔을 직접 피부로 느끼고 있는 중이다. 이런 가족사가 단지 그녀에게만 있는 것은 아닐진대, 무어라 위로를 건넬 수 있을는지.

누구나 나이를 먹을수록 건강 염려증은 점점 더 커질 수밖에 없다. 염려증은 말 그대로 염려일 뿐, 아무런 도움이 되지 않음을 잘 알고 있다. 그럼에도 꼭 그 병에 걸린 것만 같은 착각 속에 걸리지도 않은 병을 사서 앓는 것은 또 뭐란 말인가. 오만가지 최악의 상상을 하며 마음 졸였던 적이 어디 한두 번뿐일까. 의사와 일대일로 대면해 내 증세에 대한 검사 결과를 들어야 하는 상황이 되면 여지없이 가슴이 쿵쿵 뛴다. 의사의 입에서 무슨 말이 나올까. 그 입을 주목하며 잔뜩 긴장했던 경험들. 이 모든 게 건강에 대해 자신이 점점 떨어지는 노년기에 어쩔 수 없이 겪어야 하는 달갑지 않은 곤욕일 것이다.

친절하고 자상해서 환자의 걱정에 공감해 주는 의사 선생님을 만나면 적지 않은 위로가 된다. 그러나 가끔은 지극히 냉정하고 사무적인 말투로, 어찌 생각하면 권위적인 태도로 환자를 대하는 그런 의사를 만날 때도 있다. 자세한 상담은커녕 자기는 할 말을 다했으니 빨리 나가 줬으면 하는, 차가운 표정이 역력한 의사도 있었다. 어찌 이것뿐이랴. 지인의 말을 빌리면, 퇴행성이라서 약을 써 봐야 별 효과도 없으니 어지간하면 그냥 참고 살라며 면박을 당하기도 했단다. '뭐 이런 걸로 병원에 다 오시느냐.'는 젊은 의사의 퉁명스런 말에 '당신도 언젠가는 나처럼 나이를 먹는다.'고 대꾸하고 싶었단다. 민망함과 속상함에 부글부글 끓어오르는 화를 가라앉히느라 몹시 힘들었다는 그이는, 내게 그 말을 하면서 눈물이 그렁그렁했었다.

아닌 게 아니라 얼굴을 서로 마주 보고 진료를 하는 것이 아니라, 컴퓨터의 모니터에만 눈을 고정시킨 채 아예 환자를 무시하는(?) 의사가 왕왕 있다. 뭔가 질문을 할라치면 뭐가 그리 바쁜지 칼같이 잘라 버리는 의사도 경험해 봤다. 그러니 나 역시 지인의 심정을 이해하고도 남는 터이다. 아이고! 서러워라. 노인이 되면 병원에 가는 것도 의사의 눈치를 봐야 하나? 이렇게 안쓰러운 감정은 조금도 섞이지 않은 의사의 말에 상심했던 기억이 어디 나한테만 있으랴.

그러나 이제는 병원을 내 집 문턱 드나들 듯해야 하는 노년기이다. 이 시기는 어차피 상실의 시기이다. 몸도 쇠약해지고 마음도 절망스럽다. 자주 우울해지고 불안해지고 때로는 내가 처한 모든 상황에 억제하지 못할 분노가 일기도 한다. 그러니 자존감도 속절없이 흔들린다. 그러나 마지막 남은 내 자존심을 지키기 위해서는 이 모든 걸 기꺼이 감수해야만 한다. 의사의 말과 표정에 웃었다 울었다 하는, 심지 없이 흔들리는 물색없는 짓은 더 이상 하지 말 일이다.

그러나 아이러니하게도 큰 병원에 갈 때는 낙담 중에도 묘한 위안을 받기도 한다. 세상에는 아픈 사람이 너무나 많다는, 절대 나 혼자만 아픈 게 아니라는 사실 말이다. 이쪽저쪽에서 우글거리는(?) 무리들을 바라보면서 매번 같은 생각을 하곤 한다. 저렇게 많은 사람들이 온갖 검사와 치료를 하며 호전과 악화를 반복하다가, 종국에는 지독하게 끈질긴 어떤 병 하나 때문에 그예 세상을 등지게 되는 거겠지. 그렇다면 병이 끝까지 낫지 않는 경우는 누구에게나 오직 한 번뿐이겠구나. 결국 그 한 번이 내 숨길을 멎게 할 사인死因이 될 것이고. 어쩔 거나! 그 한 번이란 것이 나한테만 적용되는 것이 아닌 누구나 공평하게 맞이해야 하는 불청객이라면…. 담담하고 초연하게 그 순간과 부딪쳐야지. 나라고 별수 있나 뭐.

"병 자랑은 하여라."라는 속담이 있기는 하지만, 어쩌면 늙을수록 '아프다.'는 말은 되도록이면 자제하는 게 좋지 않을까 싶다. 굳이 애써 설명하지 않아도, 내 감정 표출과 표정만으로도 이미 알고 있을 것이다. 노화로 인해 여기저기 아픈 곳이 자꾸 생기는 건 당연하다. 몸이 천근만근이다. 머리가 무겁다. 무릎이 쑤신다. 자꾸 깜박깜박한다…. 아프다는 말을 듣는 것도 한두 번이지, 아무리 가족이라도 매번 그것에 관심을 가지고 다정하게 대꾸해 줄 사람은 그리 흔치 않다. 더군다나 젊은 자식이라면, 늙음을 이해할 수 있는 나이가 정녕 아닐 터이니 그 말에 얼마나 공감할 수 있을 것인가. 그러니 '늙으면 그저 죽어야지.'라는 말에 더해 '아파서 힘들다.'는 말도 정녕 홀로 삼켜야 할 말인지도 모른다. 말해 봤자 상대에게 마땅한 해결책이 없는 말은 하지 않아야 한다. 하루가 멀다고 '앓는 소리'로 일관하는 노인은, 누구라도 나에게 계속 관심을 가져 달라는 신호로 여겨져 어째 위상이 더 초라해질 뿐이다.

더하여 오르락내리락하는 건강 수치에 예민하게 반응해, 그때마다 자신은 물론 가족들을 힘들게 해서도 안 될 일이다. 노쇠할수록 한두 가지가 아닌 여러 개의 만성 질환을 가질 확률이 높다. 겹겹의 질병을 동시에 앓는 것은 정말 고통스럽다. 허나 어차피 아픈 것은 오롯이 혼자 감당해야 하는 자신의 몫인데 어느 누가 대신해 줄 수 있으랴. 인간은 몫몫의, 감당할 만큼의 짐을 이고 지고 들며 살게 되어 있다. 그렇게 버티고 견디다가 모든 생명체는 필연코 죽는다. 정녕 생명이 있는 것들과의 인연은 영원하지 않은 법이다. 이렇듯 누구에게나 공평한 생사존망의 동병상련 처지임에도, 우리는 매번 자기의 고통만이 살을 베는 것처럼 극심하고 자기의 시련만이 유독 겪기 어렵다고 말하곤 한다. 건강하다고 해서 마냥 행복한 것도 아니고 병을 앓고 있다고 해서 노상 불행한 것만도 아님을 직시할 수 있다면…. 그럼에도 불구하고 행복해질 수 있는 나만의 비책을 찾아서 애써 노력하면 되지 않을까. 어느 틈에 벌써 그렇게 살아야 하는, 아니 그리 살지 않으면 안 되는 나이가 점차 되어 가고 있다.

노노老老케어care의 두려움

'노노케어'는 건강한 노인이, 병이나 다른 사유로 도움을 받고자 하는 노인을 돌보는 것을 말한다. 노인이 노인을 돕는 '노노케어'는 '노인이 노인을 직접 돌본다.'는 의미로 건강한 노인에게는 독거노인을 돕는 일자리를 주고, 독거노인은 자신을 비롯한 연배의 노인으로부터 돌봄 서비스를 받는 일석이조의 서비스이다. 공공기관에서 신청자를 받아 시행하고 있는 것으로 알고 있다. 그러나 만 65세 이상 노인들 누구나 원한다고 이런 혜택을 모두 받을 수 있는 것은 아닌 듯하다. 노인 장기 요양 등급에 따른 제한이 있다고 하는데, 옆에서 누군가 보살펴 주는 사람이 있거나 본인이 인지 능력이 있는 경우에는 필요한 등급이 나오지 않는 게 현실이란다.

88세의 아내가 91세의 남편을 케어해야 하는 상황. ― 노인이 노인을 보살펴야 한다는 의미로 볼 때, 이것은 분명 노노케어이다. 또한 고령의 자식이 초고령의 부모를 보살펴야 하는 것도 노노케어이다. 노인 장기 요양 등급 제도는 분명 좋은 제도임에는 틀림없다. 가족의 노인 부양 부담을 조금이나마 덜어 주기 위함이니, 그 수혜자가 될 수 있다면 어느 누가 마다하겠는가. 그러나 고령인 부부가 서로 옆에 있다는 이유만으로 그 혜택이 비껴가는 것은 어찌 설명해야 할까. 보살펴 주는 고령의 자식이 부모 곁에 있음으로 해서 그 수고가 고스란히 그의 몫이 되어야만 하는 엄혹한 사정은 누가 알아줄 것인가. 혹 가족이 아닌 다른 사람의 도움을 꺼려 해서 거절하는 이유라면 또 모르겠다. 허나 거동이 불편해 일상생활에 장애가 있는 고령의 부부나, 초고령의 부모와 고령의 자식이 꼼짝없이 서로를 돌봐야 하는 노노케어는…. 이건 정말 생각만 해도 버겁고 불안하고 두려운 일이다.

언제까지일지 모르는 긴 시간을 간병하는 일은, 더더군다나 시니어 배우자가 그 일을 감당하고 있다면 애초에 단단히 먹은 마음과는 달리 쉽게 지칠 일이 뻔하다. 어쩌면 자신이 골병을 앓고 있는 걸 본인만 모르다가 그예 먼저 쓰러지게 될지도 모를 일이다. 오죽하면 "긴 병에 효자 없다."라는 말까지 나왔으랴. 제아무리 부부지정이 두텁다 할지라도 환자의 병시중을 드는 일은 그만큼 만만치 않은 것이다. 육체적 고생은 물론이고, 남들이 짐작도 못하는 정신적 스트레스 또한 엄청날 것은 당연하지 않겠는가.

  65살 이상 고령 인구는 해마다 증가해 현재 우리나라 총인구의 16.8%가 노인이란다. 물리적인 나이가 노인이라고 해서 건강한 고령자가 아주 없지는 않겠지만, 안타깝게도 모두에게 해당되는 얘기는 아니다. 조금이라도 기운이 있는 배우자가 나보다 약한 배우자를 돌보면 되지 않겠느냐는 얘기는 지극히 낙관적이다. 비록 지금은 가능하다 해도 그것이 언제까지 가능할 것인가. 서로의 기억력이 비교적 괜찮아서 생활에 큰 불편함이 없다면 그나마 다행이겠지만, 그 기억력이란 것이 언제 말썽을 피우게 될지는 아무도 모를 일이지 않은가. 몸도 시원찮고 정신도 아픈 상태의 노부부가 어느 누구의 도움 없이 온전한 일상이 가능할지는 의문이다.

  이런저런 이유로 해서, 저마다 할 수 있는 한 노후 대책은 반드시 선행되어야 한다. 늙는 일에는 준비가 필요하고 먼저 떠나는 일과 홀로 남는 일에도 굳건한 마음의 무장이 필요하다. 날이 가고 달이 차고 해가 기우는 자연의 흐름처럼 인간의 나이 먹기도 그와 다를 바 없다. 피한다고 피해지는 것이 아닌 바에야 기꺼이 받아들일 만반의 채비를 해야 하지 않겠는가. 철저한 대비나 신중한 생각 없이 두루뭉술한 대충대충은 옳은 잡도리가 아니다. 에이! 닥치면 어떻게든 되겠지, 하는 안일함 또한 내 노후를 더욱 불안하고 두렵게 할 뿐이다. 휴우, 이렇듯 노년에 대처하고자 유비무환의 정신으로 애쓴다 한들 노노케어의 두려움을 다 덜어 낼 수는 없는 노릇이겠지만…. 그래도 그나마 어떤 상황에 대응할 계획이나 대안 수단이 마련되어 있다면, 조금은 편안하게 늙음을 감내해 낼 수 있지 않을까 싶다.

"젊음이 노력해서 얻은 상이 아니듯, 늙음 역시 잘못으로 인해 받은 벌이 결코 아니다." 책을 읽다 가슴을 때리는 이 구절에 꽂혀 잠시 멍하니 있었다. 그래, 맞잖아! 정말 그렇잖아. 그런데 왜 노인들은 잔뜩 움츠러든 채 주변의 눈치를 보며 살게 되는 걸까. 분투, 희생, 인고, 고뇌, 스트레스…. 지난날의 숱한 고난에 보상을 받아야 함이 마땅한 이 노년의 시기에 왜 노인들은 행복하지 않고 자신의 처지가 처량하다고 말하는 걸까. 건강하고 행복한 노후는 그저 이상에 불과하고 현실로는 정말 요원한 일일까.

문득 떠오른 영화, 〈아무르〉. 아무르Amour는 프랑스어로 '사랑'이라는 뜻이다. 평안한 노후를 보내고 있던 노부부. 그들 사이의 사랑과 죽음에 대한 내용이다. 누군가가 남긴 리뷰를 보면 "병 수발하는 노부부가 겪는 현실적인 절망감을 그린 묵직한 주제"라고 적고 있다. 이 영화를 보고 나서 한참 동안 생각에 잠기지 않을 수 없었는데, 우리가 요즘 흔치 않게 접할 수 있는 노노케어의 현주소가 바로 이런 상황이 아닐까 싶어서였다. 오죽하면 그리했을까. 나라면 어찌 했을까? 최악의 경우, 이렇게 되지 않으리라는 보장을 누가 해 줄 수 있단 말인가. 국가가? 사회가? 자식들이? 글쎄다. 결국 당사자들만이 겪는 고통스러운 속내는 그들만이 알 뿐, 세상 어느 누구도 감히 헤아리지 못할 터이니 제삼자가 뭐라 쉽게 갑론을박할 수 있는 예사로운 문제가 절대 아닌 것이다. 지금도 간간이 뉴스에서 접할 수 있는, 가슴 아픈 사정들은 안타깝게도 현재 진행형이다.

　남주인공의 이런 행동은 '옳다'로 결론 내려질 것도 아니며, 그렇다고 '그릇되다'로 비난할 수도 없는 엄혹한 극한의 슬픔이다. 두둔이나 비판이 적절치 않은…. 이것은 어쩌면 영원히 판정이 유보될 수밖에 없는 애절한 순애보이다. 갑작스럽게 닥쳐오는 질병과 죽음 앞에 노부부가 보여 주는 가슴 먹먹해지는 사랑 이야기를 다시 떠올리니, 노노케어에 대한 생각을 거듭하지 않을 수 없다.

남은 배우자가 홀로 설 수 있도록

'독거노인'. ─ 말 그대로 혼자 사는 노인이다. 가족도 배우자도 없이 일상의 모든 일을 감당하며 혼자 먹고 혼자 자고 혼자 생활하는 노인이다. 2022년 7월 통계로 보면, 우리나라의 혼자 사는 노인은 182만 명이란다. 적지 않은 숫자이다. 뉴스에서 간혹 '고독사'라는 안타까운 현실을 알리기도 하는데, 대부분 독거노인에 해당되는 사정들이고 보면 내 일이 아니라고 무심히 흘려들을 수만은 없는 것이다.

노부부가 단둘이 서로 의지하고 살다가, 어느 날 남편이 먼저 혹은 아내가 훌쩍 세상을 떠난다. 이렇게 오늘은 나, 내일은 너 하며 가는 곳이 저쪽 저승길이다. 아무리 한날한시에 같이 떠나자고 굳게 약속을 한들, 눈부시게 아름다운 이별을 꿈꾸었다 한들, 그것은 한낱 희망 사항일 뿐…. 다 부질없는 일임을 서로는 잘 알고 있다. 개중에는 너무나 빨리 찾아온 별리別離에 가슴을 치기도 하겠지만, 올 때도 혼자 왔으니 갈 때도 혼자 떠남이 생사의 이치이다. 배우자의 죽음이 가장 큰 스트레스인 만큼 그 상실의 여파에 한동안 휘청거리겠지만, 누가 먼저 떠나게 되든 남은 이는 혼자만의 생존에 대비가 되어 있어야 한다. 경제적 자립은 물론이고 정서적 안정까지도 갖춰져야 홀로 살아 내기에 어려움이 없는 것이다. 어차피 인생은 홀로서기이니 그런 날이 기어코 언젠가는 닥칠 거라고 내심 각오는 하고 산다. 그게 막상 본인의 상황이 되면 생각대로 잘 해낼 수 있을는지는 모를 일이지만….

주위를 보면 대체로 여자들은 홀로 살아야 하는 상황이 닥쳐도 잘 견디어 나가는 듯하다. 속속들이 그 내막은 모를지라도 적어도 겉으로는 그렇게 보인다. 그런데 남자들은 그게 아닌 것 같다. 당장 먹고 사는 일부터가 심각한 문제가 되는 것을 보면 말이다. 다행히 자식이 있어 챙겨 준다 하더라도 어떻게 일 년 삼백육십오일 하루도 빠짐없이 부모를 들여다볼 수 있을까. 그러다 보면 내 입에 들어가는 음식 정도는 본인이 해결해야 하는 것부터가 자립의 최우선 순위가 되어야 한다. 청소나 빨래는 며칠씩 걸러서 어떻게든 해결할 수 있지만, 때마다 끼니를 해결하는 일은 그렇지 않으니 말이다.

세상이 많이 변해서 요즘은 요리하는 남자들이 많아졌다. 전적으로 살림을 도맡아 하는 가장들도 흔하다. 그러나 현재 황혼기에 다다른 남자들은 대체로 보수적이며 권위적이다. 한마디로 옛날 남자들이라 부엌에 들어가면 큰일이 나는 줄 아는 이도 적지 않다. 그런 남자들이 아내를 먼저 떠나보낸 후 가장 힘들 것이 분명한 부류이다. 십중팔구 그런 남자들의 아내는 어쩌다 출타할 일이 생기면 가장 먼저 해 놓아야 하는 일이, 남편의 식사 준비였을 것이다. 몸이 아파도 마음 놓고 드러누워 있을 수 없었던 일이 부지기수였던 것을 떠올리면, 그 남편은 아내가 저세상으로 떠나면 꼼짝없이 굶을(?) 수밖에 없는 지경에 이를 것이 자명하다. 누군가가 밥상을 차려 놓고 불러 주지 않으면 식사를 할 수 없는 사람들. 일일이 손이 가는 어린애들도 아니고 다 큰 어른이 이렇다면, 이것이야말로 참으로 딱하고 한심한 노릇이 아닐 수 없다.

"이제 라면 정도는 잘 끓일 수 있다."며 자랑스럽게(?) 말하는 어떤 남자분을 본 적이 있다. 그것도 그나마 장족의 발전을 한 거라고 고백하던 그 사람은 언젠가 닥쳐올 나중을 생각해서 아내에게 한 가지씩 배우고 있다고 했다. 둘 중 누가 먼저 떠날지는 아무도 모르지만, 아무것도 할 줄 모르는 남편이 내심 걱정이던 아내가 끈질기게 설득을 해 그렇게 되었다고 한다. 집안의 여타 일들은 타인의 손을 빌리더라도, 내 입에 들어가는 밥만큼은 그래도 본인이 수습할 수 있어야 한다며 부엌에 들어오라고 했단다. 처음에는 아내의 그런 마음을 이해 못해 못마땅했지만 가만 생각해 보니, 마냥 싫다고 고집만 피울 일이 아닌 것 같더란다. 아무리 세상이 편해졌다 한들 배달해 먹는 음식도 하루 이틀이지 어찌 매번 그리할 수 있을까 싶기도 했고. 그렇다고 손쉬운 계란프라이만 주구장창 해 먹을 수도 없는 노릇이고 보면 아내의 말에도 일리가 있겠다 싶었단다.

아, 남은 배우자를 홀로 서게 하는 일이 어찌 유독 먹는 문제에만 국한될까마는…. 가능한 한 주변의 도움 없이도 '내 한 몸 건사하기'는 끝까지 가능해야 한다. 이제 남은 거라곤 발전이 아닌 퇴행뿐이라 할지라도, 그럴수록 더더욱 홀로서기는 필사적인 생존의 문제이다. 남의 도움을 받지 않고 스스로의 힘으로 생활을 해 나갈 수 있는 복은 분명 행운이다. 행여 노년을 유별하거나 소외된 상황으로 여겨 스스로를 외톨이로 생각하면 안 된다. 여전히 노인은 사회 구성원의 한 부분이며 다른 사람들과 어울리어 사귐을 가져야 하는, 그만한 자격이 있는 능력 있는 존재이기 때문이다.

1인 가구 시대를 우리보다 20년 먼저 경험한 일본에는, 1무無, 2소小, 3다多라는 국민 계몽 운동이 있단다. 1무는 금연할 것, 2소는 음식과 술을 적게 먹을 것, 3다는 사람을 많이 만나고, 많이 움직이고, 충분한 수면 시간을 확보하라는 뜻이다. 하나같이 다 옳은 얘기이고 모름지기 그렇게 해야겠지만, 그게 또 여의치 않은 건 무슨 연유일는지. 노년기에 들어서면 필연적으로 은퇴라든가 사별, 치매, 질병, 죽음이라는 어두운 단어들을 늘 의식적으로 생각하면서 살게 되어 있다. 혼자 사는 사람들, 특히 노인들 스스로가 자신의 건강한 삶을 영위할 수 있도록 각고의 노력도 해야겠지만 아울러 주위의 세심한 배려, 사회적인 여건도 뒷받침되어야 하는 시점이다.

언젠가는 남편이든 아내이든 혼자 덩그러니 남겨져 꼼짝없이 독거노인이 된다는 사실은 생각만 해도 외로워진다. 노년의 삶을 가장 어렵게 만드는 것이 외로움이라는데…. '고독사'라는 말을 접할 때마다 가슴이 쿵 내려앉는다는 어느 지인의 얼굴이 떠오른다. 그녀는 몇 해 전 남편을 먼저 떠나보낸 터라 더욱더 그러했을 것이다. 자기는 혼자 남은 그 외로움이 싫어서, 가족을 여읜 상실의 공허함을 최소화하기 위해 일부러 사람들을 자주 초대하고 더 열심히 찾아가 만난다고 했다. 그 심정을 이해 못하는 바는 아니지만, 나보다 먼저 나에게 관심을 가지고 다가오는 사람들이 과연 언제까지 이어질 수 있을까. 내가 나이가 들어갈수록 점차 나에게서 멀어지는 사람들이 더 늘어날 것은 당연지사이다. 그 시기는 저마다 조금의 차이는 있을지언정 반드시 오게 되어 있다.

인간은 궁극적으로 혼자 떠나며 혼자 남게 되어 있다. 그 빈자리의 공허를 얼마나 잘 적응하고 견디어 낼 수 있을지는 닥쳐 봐야 알 노릇이지만, 이제껏 살아온 것 못지않게 그 외로움 또한 무난하게 잘 이겨 낼 수 있어야 하지 않을까 싶다. 곁에 알뜰한 자식이 있어도, 가까이에 살뜰한 친구가 있어도, 어차피 홀로 남은 독처獨處의 적적함은 누구도 해결해 줄 수 없을 터이니 말이다. 설령 그들에게 외롭다며 신세 한탄을 늘어놓은들, 어느 누구도 그 고독감을 내 마음처럼 전적으로 공감할 수는 없을 것이다. 외로움은 스스로 싸워야 하는 전투라고 했던가. 못내 서글프지만 이렇듯 노년기에는 해서는 안 될 금지어가 자꾸 늘어만 간다. 그리고 보면 '외롭다.'는 말…. 자기 연민이 숨어 있는 이 말도 절대 입 밖으로 꺼내지 말아야 할 또 하나의 금기어인 셈이다.

내가 빠져야 할 자리를 안다는 것

친한 친구의 딸 결혼식에 참석한 적이 있다. 친구의 아버님과는 학생 시절에 인사를 드렸던 기억이 있는지라 이참에 인사를 드려야겠다 싶어, 친구의 언니에게 아버님은 어디에 계시느냐고 물었다. 언니의 대답은 이러했다. "구순이 넘으신 후로는 일체 문밖출입을 삼가신다."고. 아! 나는 그 말이 무슨 뜻인지 듣자마자 금방 알아차렸다. 외출을 못하시는 것이 아니라 일부러 안 하시는 것이라는 걸…. 순간 머리가 떵해졌다.

할아버지도 손녀가 혼인하는 모습을 보고 싶은 마음이 그 누구보다도 가득하셨을 것이다. 허나 당신이 외출을 함으로 말미암아 주변에 끼칠 수밖에 없는 미안함과, 자신을 내내 신경 써야 할 그들의 수고가 먼저 떠올라 그리하셨을 것이다. 그런 생각을 하니, 자손들을 향한 그분의 관대한 배려가 느껴져 마음

한편이 울컥해졌다. 혹 집안의 경사스러운 날에 자식들에게 괜한 번거로움을 주지 말자고 속마음을 애써 숨기셨던 것은 아니었을까. 정녕코 천근만근 무거운 나이의 무게는 평범한 일상의 많은 것을 포기하고 양보하게 만드는구나!

정말 그분처럼 고령의 노인들은 자신이 정한 나름의 바깥나들이 기준이 필요한 것이 아닐까 싶어, 집으로 돌아오면서 많은 생각을 했다. 최연장자로서 자신의 행동반경을 명료하게 해두는 것은 피차의 피곤함을 피하는 방법일 뿐만 아니라 가족들을 위한 사랑의 표현일지도 모른다. 어쩌면 노령老齡의 나이가 되면 장례식이나 결혼식, 병문안 같이 사람을 대면해야 하는 일련의 외출은 스스로 알아서 피하는 것이, 공동체 안에서의 예의를 지키는 것에 대신할 수도 있겠다. 그러고 보면 꼭 가야 할 자리에 참석하지 못해 마음이 편치 못함은 어쩔 수 없겠지만, 때로는 완곡한 거절의 지혜가 필요한 시기가 바로 노년기가 아닐까. 이런 경우에서라면 그래도 '노인'이어서 사양이나 실례가 무사통과(?)되는 이점도 있을 수 있으니, 서글프지만 그래도 그나마 다행이라 여겨야 하는 건지….

뒷모습이 아름다운 사람

'낄끼빠빠'라는 말이 있다. '낄 때 끼고 빠질 때 빠져라.'를 줄여 이르는 말로, 모임이나 대화 따위에 눈치껏 끼어들거나 빠지라는 뜻으로 하는 말이란다. 이처럼 자신이 끼고 빠질 자리를 아는 것은 중요하다. 그런데 이것보다 우선해 명심해야 할 것은, 어떤 자리에서 물러나야 할 시기를 본인이 제대로 알아야 하는 것이 아닐까 싶다. 이것은 어쩌면 노인들에게 더 해당되는 말일 수 있는데…. 사람이란 천성이 겉욕심이 들기 쉬운 존재들이라 자칫 잘못하면 자리에 대한 욕심이 땅보다 더 두터워질 수 있다. 권력(?)이 싫은 사람은 아무도 없으니 말이다.

욕심은 낼수록 느는 법이다. 실제로 나이를 먹을수록 노욕이 많아져 명예욕, 감투욕이 생기는 이들을 흔치 않게 보기도 한다. 자리가 사람을 만들기도 한다지만…. 전혀 다른 사람으로 변하게 하는 둔갑술을 부리는 것인지, 늙은 사람이 한량없이 부리는 욕심은 정말 노추 그 자체이다. 명함 가득 이런 자리 저런 자리를 빼곡하게 박아 돌리는 이들은, 아마 젊은 시절부터 역시 그러했을 것이다. 사회생활이 한창이던 시절에는 그것이 자신의 신분이요 위치를 나타내는 커리어였으니 뭐라 할 말은 없다. 자기를 소개하는 방법 중의 하나로 자신을 잘 알리기 위해서는 명함도 필요했다. 그러나 현역에서 물러나 이제는 마땅히 뒷자리에 앉아야 할 지긋한 나이를 먹고서도 여전히 화려한 명함을 돌린다는 것은 어쩨 좀 남사스럽지 않나 싶다.

이제까지 잘 누렸으면 마무리도 잘해야 할 터인데, 감투를 벗고 흔쾌히 자리를 내어 준다는 게 진짜 말처럼 쉽지는 않은가 보다. 허나 그만 내려놓아야 할 자리에 연연하여 내 인격을 기어이 드러내고야 마는 실책은, 아차하면 인생의 오점으로 남을지도 모를 일이다. "감투가 크면 어깨를 누른다."는 속담은 만년의 시기에 많은 것을 생각하게 한다. 그렇지 않아도 심신의 모든 세포들이 퇴행하고 있어 매사가 조심스러운데, 무슨 자신감으로 감당하기 어려운 과분한(?) 지위에서 노심초사하고 있을 거나. 자리를 탐낸 만큼 그에 따른 책임감도 막중할 것이니, 나잇값으로 얻는 자리일수록 심사숙고해야 하는 것이다.

노인이 되기까지의 여정에 숱한 분야를 넘나들었던 경험과 학식 그리고 지혜는 당연히 있을 것이다. 바로 그 이력 때문에 전문성을 인정받아 또 다른 영역의 새로운 자리에 앉기도 한다. 치열한 경쟁을 뚫을 정도의 실력도 여전해 뒤로 물러나 앉아 있기에는 정말 아까운 사람들이 있을 수도 있다. 그대로 썩히기에는 너무 고급 인력이어서 아직은 사회에서 필요로 하는 곳이 많을 수도 있다. 허나 명성이 높은 만큼 그에 걸맞게 행동을 주의함으로써 이름값을 끝까지 잘 해내기란 여간 어려운 일이 아니다. 그러니 어지간한 나이가 되어 그 모든 것이 이미 정점에 이른 지 오래라면, 때로는 고사하는 것도 미덕이 될 수 있지 않을까 싶다. 만년 즈음에는 구태여 누군가의 삶에 대소大小의 영향을 끼칠 일에는 한 발 물러나 조심하며 관조하는 것도 괜찮은 겸양의 태도가 아닐는지. 사심 없는 공명심公明心이 아닌, 헛된 공명심功名心은 지나간 한 시절 한때로 족하다.

혹자는 말하기도 한다. "비록 젊은 사람들에 비해 감각은 떨어져도 이제껏 살아온 경험이나 연륜은 절대 무시 못 하는 법이다."라고. 물론 틀린 말은 아니다. 그러나 본인의 주장대로 여러 해 동안 쌓은 경험들에 의하여 이루어진 숙련의 정도가 젊은이들을 능가한다 할지라도, 요즘 세대는 그 무엇보다도 감각을 더 중요하게 여긴다는 사실 또한 간과해서는 안 된다. 디지털 세대의 능수능란함을 아날로그 세대가 따라잡을 수 있다는 생각 자체가 무리이다. 관록만큼 중요한 게 어디 있냐며, 자신의 나이테만을 앞세워 세상 물정에 어두운 오판을 해서는 안 되는 것이다. 그것이 큰 자리이건 작은 자리이건⋯. 설령 소규모 모임의 대단할 것 없는 자리라 할지라도, 앉아 있는 이상 책임이 뒤따라야 하는 것은 분명하니 말이다.
  문득 떠오른 이형기 시인의 시, 〈낙화洛花〉 중의 한 구절. ― "가야 할 때가 언제인가를 분명히 알고 가는 이의 뒷모습은 얼마나 아름다운가!"

식탐은 보기 흉할 뿐

　언젠가부터 온 세상이 장수 시대 운운하더니 '건강'이 모든 이들의 최대 관심사가 되었다. 인간 생활의 세 가지 기본 요소인 의식주 중 어느 것 하나 중요하지 않을까마는, 유독 '식食'에 집착하는 듯한 느낌은 여전히 강렬하다. 옷도 음식도 집도 살림을 유지하기 위해 꼭 필요한 것들이지만, 미디어 매체의 화두는 온통 '먹는 것'에 집중하고 있다고 해도 과언이 아닌 듯하니 말이다. 일상적인 모임에서 오가는 한담閑談에서도 결코 이 화제는 빠지지 않는다.

　TV를 틀면 어김없이 비치는 장면들이 유명인, 일반인 할 것 없이 등장하는 먹방이다. 건강하기 위해서 꼭 먹어야 하는 영양가 있는 음식들에 더해 건강식품 및 의료 정보들까지 한몫을 하며 거들고 있다. 눈만 뜨면 매일매일 다양하게 접하고 있는 건강 정보. 운동 정보에 더하여 맛집 소개들까지, 참으로 그 범위는 다양하다. 이러니 내 건강에 도움이 될 수 있다는 온갖 자료들을 제때에 일일이 기억하기도 버거운 형편이다. 이런 정보에 줏대 없이 휘둘리며 살다 보면, 살기 위해 먹어야 하는 건지 먹기 위해 살아야 하는 건지 헷갈릴 정도라는 어느 지인의 푸념도 이해는 간다.

 '어느 식재료가 어디에 좋다.'라는 방송이 한번 나가게 되면 그 식료품은 금세 시중에 동이 나버린다고 한다. 모두가 먹는 일에, 그만큼 건강에 신경을 쓴다는 반증이리라. 솔직히 나 역시 어떤 때는 혹하기도 한다. 그러나 그렇게 몇 번 애써 볼 뿐, 어째 그 모든 것이 헛헛하게 느껴질 때가 더 많다. 유익하다는 저 많은 음식을 낱낱이 영양 성분 헤아려 다 챙기다 보면, 결국 이 세상 모든 식재료가 다 약이 될 수도 있을 텐데…. 이건 좋네, 저건 나쁘네, 가리지 않고 그냥 골고루 섭취하면 그게 곧 내 몸에 도움이 되는 게 아닐까 싶은 것이다.

 건강에 좋다고 하니까, 내 몸 어디에라도 이득이 되겠지 싶어 무턱대고 일단 먹고 보자는 생각이 앞서는 것을 어느 누구도 뭐라 탓할 수는 없다. 그러나 방송에 소개되는 족족 하나도 빠트리지 않고 기어코 그것을 구해 먹는 모습이 그리 좋게 보이지 않음은 왜일까. 이전에 먹었던 '그 약'이 어쩌다 나에게만 효과가 있었을 수도 있는 것처럼 '그 음식' 또한 나 아닌 다른 이에게만 보탬이 될 수도 있는 게 아닌가. 각각의 체질에 따라

병을 치료하거나 예방한다는, 사상 체질 의학에 근거해서 본다면 응당 그럴 것 같다.

더하여 이런 '건강'에 관련된 음식뿐만 아니라 이런저런 약이나 건강식품, 의료기 등을 상대가 내키지 않아 함에도 불구하고 억지로 권하는 모습은 곤혹스럽다. 내가 먹어 보니 정말 좋더라는, 내가 사용해 보니 진짜 효험이 있더라는 말은 한 번으로 족하다. 정말 필요하다면 그 얘기를 들은 상대가 좀 더 구체적인 것을 먼저 묻게 되지 않을까. 상대의 건강 상태에 걸맞게 그것들이 말 그대로의 최상의 효과를 줄 수 있다면 더할 나위 없이 고맙고 또 고마운 일이다. 허나 정말 상대를 위하는 선의의 마음에서 그리할지라도…. 듣는 이의 사정을 헤아리지 못하고 내 경험만을 앞세워 무시로 강권하여 입장을 난처하게 만드는 일은 결례이다. 타인에게 도움을 주고자 하는 정보가 있다면 소개 정도만 하고 그치는 것이 좋다.

나이를 먹을수록 성인병에 걸릴 확률은 점점 높아만 간다. 노년기에 이르고 보면, 아마 어쩔 수 없이 식단 관리에 신경을 쓸 수밖에 없는 상황이 대다수일 것이다. 주위에서는 노인일수록 생선과 채소를 골고루 챙겨 먹어야 하고 소화 기관에 무리를 줄 수 있으니 소식을 해야 한다며, 건강한 식습관 유지를 강조한다. 이제는 꼼짝없이 혈압, 혈당, 콜레스테롤 3가지를 정기적으로 체크하고 철저하게 치료받아야 하는 즈음이다. 이것 외에도 각자의 지병에 따른 음식 종류가 제한되는 것 또한 어쩔 수 없는 노릇이고 보면, 하나하나 구별해서 먹어야 하는 일이 사는 재미도 없어 고역으로 느껴질 때도 있다. 먹고 싶은 음식을 마음껏 먹을 수 없는 처지가 못내 속상하지만, 그렇다고 달리 방도가 없으니 어쩌겠는가. 못 먹으니까 약해지고 약하니까 못 먹게 되는 최악의 상황은 피해야 할 터…. 그러니 그래도 건강하게 살기 위해서 반드시 그리해야 한다면 자량처지自量處地하는 수밖에.

굳이 이런 특별한 상황들을 열거하지 않는다 하더라도, 노인의 식탐은 꼭 줄여야 할 욕심이다. 안타깝지만 식도락이 생의 즐거움이었던 좋은 시절은 지나갔다. 허옇게 머리에 서리가 내려앉은 지긋한 나이를 먹고서도 음식에 지나치게 집착하는 모습은 보기 흉할 뿐이다. 젊은이 못지않은 식성이라는 주의의 찬사에 괜히 우쭐하여 무리를 하다 결국 병원 신세를 지고 만 어느 어르신이 계면쩍은 표정으로 한 말이다. "아이고, 아직은 괜찮을 줄 알았지 뭐. 이젠 나도 정말 늙었네." 나이 들어서까지 미식만을 고집하는 모습도 좀 그렇지만 과식 역시 볼썽사납다.

시간에 대한 개념이 없어져 이미 식사한 것을 잊고 자꾸 음식을 요구하거나, 심리적인 불안감 때문에 먹을거리를 자주 감추는 증상이 나타나는 치매는 어쩔 수 없다 해도…. 모든 욕심에는 마땅히 자제력이 뒤따라야 한다. 먹는 일에 조절을 못 하고 과도한 욕심을 내면 열이면 열, 돌아오는 것은 내 몸의 영양 보충이 아닌 오직 뒤탈이요 병뿐이다. 과욕은 화근의 빌미가 된다.

제5부 회자정리—이별의 아쉬움

죽음보다 더 두려운 것은

질병과 노화의 공포는 단지 우리가 감내해야 하는 상실에 대한 두려움만은 아니다. 그것은 고립과 소외에 대한 공포이기도 하다. 사람들은 자신의 삶이 유한하다는 사실을 깨닫게 되면서부터는 그다지 많은 것을 원하지 않는다. 일상의 소소한 일들에 대해 직접 선택을 하고, 자신의 우선순위에 따라 다른 사람이나 세상과의 연결고리를 유지하고 싶어 하는 것이다.
— 아툴 가완디, 『어떻게 죽을 것인가』 중에서 발췌

곰곰이 생각해 보면 막상 죽음은 그다지 무서울 것 같지는 않다. 실상 죽음보다 더 두렵고 공포스러운 것은 퇴화하며 계속해서 무언가를 잃어 간다는 사실이다. 나이가 들어감으로 인해 겪어야 하는 신체의 변화는 막상 당하면 무어라 말을 이을 수 없을 정도로 무섭기까지 하다. 죽음에 이르기까지 꼼짝없이 당하고만 있어야 하는 노화의 과정이 어찌 순탄하길 바라겠는가마는…. 나이 드는 게 힘들다는 말은 푸념이 아닌 처절한 비명이다. 아, 그래서 사람들은 언젠가는 자신에게 닥쳐올 그것들을 진지하게 생각하는 것을 일부러 피하고 있는 건지도 모르겠다.

나이가 든다는 것은, 명확히 말해 이제껏 잘 써 왔던 신체의 기능들이 하나둘씩 쇠약해지고 망가지고 희미해지는, 잃어버림의 연속이다. 그 상실로 인해 멘탈이 흔들리고 이제까지 가능했던 생활에도 제약이 생겨 결국 일상적인 삶을 살아가는데 현저한 지장을 받게 되는 것이다. 그래서 어쩌면 노인들 중 대다수가 내가 독립적으로, 인격적으로 살아갈 수 없는 상태에 이르게 되는 것이 죽음보다 더 두렵다고 생각하고 있는 것일지도. 이것은 치매, 고독사에 버금가는 공포이다.

"애야, 부탁이 있다. 내가 지금보다 더 나이 들어 정신이 아물거린다거나, 병에 걸려 약해지더라도 절대 요양원에는 보내지 말아라. 나는 요양원이 정말 싫다. 의식이 혼미해져 죽더라도 나는 내 집에서 죽으란다." 친구의 어머니가 매일없이 딸에게 당부하는 말씀이란다. 딸과 대화하는 중에도 종종 사실을 혼동하시거나 말의 갈피를 잡지 못해 힘들어하시던 그분인지라, 왜 그런 말씀을 자꾸 하시는지 가늠이 되어 마음이 울컥해졌다. 그 말을 들으면서 생각했다. 그래, 그 입장이 된다면 나도 정말 무서울 것 같다. 어쩌면 요양 시설에 들어간다는 자체를 죽음과 마찬가지로 여기고 계시기에…. 어쩌면 집을 떠날 수도 있다는 사실이 당신의 삶이 송두리째 무너져 내리는 느낌이시기에…. 집을 한번 떠나면 영영 돌아올 수 없음을 본능적으로 예감하시기에…. 정말 두려워하고 계시는 거라는 걸 짐작할 수 있지 않은가.

수명이 늘어났다는 것이 결코 좋은 상황이 아닌 것이, 아무리 의학이 발달되었다고는 하나 물리적인 나이를 늦추기에는 어쩔 수 없는 한계가 있다. 이른 나이에 세상을 뜬다거나 사고가 아닌 이상 갑자기 죽음을 맞는 경우는 그리 흔치 않기에 결국 수명 연장은 재앙이 될 수도 있는 것이다. 건강한 상태로 그 수명을 무사히 다 살아 낸다면 세상에 둘도 없는 복된 일이겠으나 그건 그냥 허망한 희망 사항에 불과할 뿐이다.

열심히 살았던 대가로 얻은 병이나 제대로 살지 못했던 대가로 얻은 병이나, 십중팔구는 온갖 세포가 약해질 대로 약해진 몸으로 퇴화할 것이다. 제 기능을 다 해내지 못해 삐걱대는 쇠약한 상태로 삶의 남은 기간을 아득바득 살아 내야 하는 것이다. 내 한 몸 건사하기에 건강이 여의치 않아 하나부터 열까지 매번 남의 신세를 져야 한다면…. 아! 생각만 해도 끔찍한 일이다. 그러니 주위에 누를 끼치며 그렇게 살아야 하는 것이 죽는 것보다 더 두렵고 무섭게만 느껴지는 것이다.

늙은 뒤의 시간, 말 그대로의 노후老後는 어쩌면 우리의 생각보다 엄청나게 길어질지도 모를 일이다. 그러니 적절한 시기에 자연스런 죽음을 맞이하는 것이 오히려 큰 축복이라는 생각이 굳어지는 것이다. 삶에서 죽음으로 가기까지의 그 버겁고 험난한 여정에 대해서는, 그대와 나, 우리 모두가 이제는 어느 정도 익히 알고 있지 않은가. 늙음을 받아들이는 것과 죽음을 받아들이는 것, 그대는 어느 것이 그래도 좀 수월하다고 생각하시는지….

내 생生에 대한 'Yes' 또는 'No'

'사전연명의료의향서'는 만약 우리가 회복 가능성이 없는 상태가 되었을 때, 무의미한 연명 의료를 해서 고통받지 않게 해 달라는 부탁을 내 의지로 미리 하는 것이다. 다행히도 2018년 2월부터 우리나라도 본격적으로 존엄사법(Well-Dying법)을 실시, 임종을 앞둔 환자들이 존엄사를 선택할 수 있게 되었다고 한다. 나중에 연명 의료를 안 받겠다는 의향서는, 이제부터는 인증기관에서 전문가 상담 후 직접 작성해야 한다고 하니 귀담아 들어야 할 내용이라고 생각한다.

종종 드라마나 영화를 통해 병실 장면을 볼 때는 새삼 이런 결심을 다지곤 한다. 환자가 누워 있는 침대 머리맡에 주렁주렁 달려 있는 의료 장비들. 삐삐 소리를 내며 작동 중인 이름 모를 기계들의 모니터. 그 속에서 수시로 변화하는 그래프와 수치들. 주사액이 똑똑 떨어지는 주삿줄에 의식 없이 팔을 내맡긴 채 식물처럼 누워 있는 환자. 실로 쓸쓸하고 삭막한 풍경이 아닐 수 없다.

나는 생애 끝자락에서 꼭 피하고 싶은 게 두 가지가 있다. 그 첫 번째는 몸 어디엔가 튜브를 삽입해 영양분을 강제로 집어넣는 치료이다. 먹고자 하는 내 의지와는 전혀 상관없이 타의에 의해 행해지는 그 행위는…. 나를 위해 막다른 골목에서 어쩔 수 없이 그리할 수밖에 없는 최선의 것이라 해도 나는 단호히 거부한다. 그러기에 내가 의식이 없을 때를 대비하여 더더욱 내 의사를 미리 밝혀야 할 필요성을 느끼는 것이다. 그렇게 아득바득 억지로 생명을 유지시키는 것은 결코 사는 것이 아니라고 생각하기에 그렇다.

두 번째는 기관지 절개이다. 이것은 정말 아니지 싶다. 의학적인 것은 잘 모르지만, 아마 기관지를 절개하는 경우는 최악의 상태일 때 행해질 터이다. 호흡이 힘들어지는 것은 당연지사이겠고 무엇보다도 말을 할 수 없게 되는 것이 무섭다. 설령 기관지를 절개함으로 당장의 위험한 상황은 모면한다 할지라도 그 후는 어쩔 것인가. 가족과 대화를 전혀 나눌 수도 없고 마지막 말을 남길 수도 없는 상태로 숨을 거두는 것은 정말 상상도 하기 싫다. 새삼스레 유언까지는 아니더라도, 그래도 "사랑한다."거나 "고맙다."는 간단한 말 한두 마디 정도는 하고 떠날 수 있어야 하지 않을까. "잘 있으라."는 마지막 인사조차도 못하고 헤어져야 하는 별리는 너무 기막히고 아플 것이기에.

　존엄사는 인간으로서 지녀야 할 최소한의 품위와 가치를 지키면서 죽을 수 있게 하는 행위이다. 존엄사란, 회복 불가능한 사망의 단계에 이르렀다는 의학적 판단이 전제되어야 한다. (환자 스스로의 결정이라고 해서 반드시 존중되어야 한다는 존엄사와는 다른 의미이다.) 존엄사가 회생 가능성이 전혀 없는 환자가 자신의 결정이나 가족의 동의를 거쳐 죽는 것을 의미한다면, 반드시 이런 상황에 대비해 자신의 의사를 미리 알려 둘 필요가 있다는 것이다. 그래서 환자 본인이 직접 '사전연명의료의향서'를 통해서 연명 의료를 받지 않겠다는 뜻을 분명히 밝혀야 함은 물론이다. 의료진이 임의로 그런 결정을 내리는 것이 아니기 때문이다. '사전연명의료의향서'는 죽음에 임박하여 치료에 대한 결정을 스스로 내릴 수 없게 될 때에 대비하여 의료진의 치료 방침 결정에 참고하도록 작성하는 것이다.

　이것을 미리 작성해 두면 남겨질 가족들의 경제적인 부분은 물론 정신적인 마음의 짐을 덜 수 있게 된다. 혹여 내 의사가 아닌 가족의 동의로 생을 마감하게 될 경우를 생각해 보라. 필시 남겨진 가족들이 느껴야 할 죄책감은 엄청날 것이다. 그들의 선택이 잘못도 아닌데 쓸데없는 죄의식으로 그들의 마음을 괴롭혀서야 되겠는가. 의미 없는 생명 연장만을 위한, 단지 죽음의 시기를 늦추는 무익한 경제적 낭비로 인해 자식들의 생활이 피폐해지는 것을 원하는 부모는 아무도 없다. 자녀들을 끔찍하게 사랑한다면, 우리를 떠나보낸 후 남아서 살아야 할 그들을 위해 부모로서 꼭 해 주어야 할 일이라고 생각한다.

  나 자신은 죽을 때까지 스스로에게 존중받아야 할 귀한 존재이다. 내 삶의 운전대는 확고한 주견으로 내가 끝까지 붙잡아야 한다. 내 운명의 주도권은 숨이 끊어지는 순간까지 내가 쥐고 있어야 하는 것이다. 어찌 보면 내가 아닌 타인에 의해 원치 않게 내 수명이 좌지우지되는 것은 굴복이고 수모이며 곤욕이다. 그러기에 인간의 최후는 인위적이 아닌 자연에 맡기는 것이 바람직하다. 이렇듯 죽음도 하나하나 미리 배워 두어야 한다. 잘 죽기 위한 준비는 철저할수록 좋다.

사전연명의료의향서 작성

어느새 또 한 해가 가려 한다. 코로나로 연일 줄서기 비상사태였던 보건소를 지나칠 때마다 '코로나가 좀 수그러지면 꼭 들러야지….' 했던 그 일. 끝내야 할 숙제를 마무리하지 못한 것처럼 늘 가슴에 얹혀 있었던 그 일. 코로나로 인해 잠시 해당 업무 중단 상태였던 담당 부서에 다시 전화를 해 봤다. 다행히 업무를 재개했는지 시간 안에 오란다. '사전연명의료의향서' 작성을 더 이상 미룰 수 없다는 조급함에, 남편과 같이 짬을 내어 방문했다. 나이를 먹어 가면서 병원에 가야 하는 일이 점점 늘어나는 상황이다 보니 괜스레 마음이 초조해진 것이다. 어영부영 시간만 보내다가 내 삶의 마지막을 잘 갈무리할 기회를 놓치면 안 되지 싶었다. 언젠가는 맞이할 내 죽음의 준비를 이제 시작한다는 담담한 마음으로 담당자를 기다렸다. 등록 절차는 의외로 간단했다. 2018년 연명의료결정법이 시행된 이후 2022년 9월 기준으로, 사전연명의료의향서를 등록한 사람이 1,460,474명이라 한다. 거의 백오십만에 가까운 현황에 이제 우리 부부도 포함이 된 것이다.

연명 의료 결정은 환자의 상태에 대한 의학적 판단을 전제로 한다. 치료를 중단할 수 있는 연명 치료란, 심폐소생술·인공호흡기 착용·혈액 투석·항암제 투여·체외생명유지술·수혈·혈압상승제 투여·그 밖의 연명 의료 등의 의학적 시술이다. 즉 치료 효과는 없고 회생 가능성이 없이 생명 유지 장치를 통해 임종 과정의 기간만 연장하는 것을 말한다. 그러나 통증을 조절하거나 산소, 수분, 영양분 등을 공급하는 일반적인 연명 치료는 중지할 수 없다.

사람의 마음이란 참 간사하다. 주위의 누군가에게는 지극히 객관적이었던 사람이 정작 그 일이 본인에게 닥치게 되면 '살 수만 있다면 뭐라도 해 봐야지.' 하며 지푸라기 잡듯 허망한 미련을 부리게 될지도 모를 일이다. 자기 자신이 변덕을 부리든 가족이 고집을 피우든 둘 중 하나가 될 일이 자명하니, 내 의식이 가장 명징할 때 내 뜻을 밝혀 두는 것이 중요한 것이다. 회생 가능성 없는, 무의미한 연명 치료를 단호하게 중단하는 것…. 소중한 내 삶의 아름다운 마지막을 매듭짓는 일은 전적으로 환자 본인의 의사가 존중되고 우선되어야 한다. '당하는 죽음'이 아니라 '맞이하는 죽음'. ─죽음을 맞이하는 나의 의견이 바로 '사전연명의료의향서'인 것이다.

• 사전연명의료의향서란?

19세 이상인 사람이 향후 임종 과정에 있는 환자가 되었을 때를 대비하여 연명 의료 및 호스피스에 관한 의향을 직접 문서로 작성해 두는 것.

• 사전연명의료의향서 등록 기관이란?

사전연명의료의향서 등록에 관한 업무 '호스피스·완화 의료 및 임종 과정에 있는 환자의 연명 의료 결정에 관한 법률'에 따른 기관으로서, 지역 주민에게 사전연명의료의향서 작성 및 등록을 지원함.

• 사전연명의료의향서 작성 가능 기관
· 보건복지부가 지정한 등록 기관(가까운 곳 방문 가능)
· 국립연명의료관리기관(홈페이지 www.lst.go.kr)

• 사전연명의료의향서 작성 절차
· 신청 순서: 상담·설명 — 의향서 작성 — 등록·보관 — 데이터베이스 조회
· 상담 대상: 19세 이상의 성인
· 신청 방법: 본인만 신청 가능(신분증 지참)

· 기타 사항: 변경·철회 시 처음 작성한 등록 기관이 아니더라도, 보건복지부 지정을 받은 등록 기관은 어디나 가능함. 사전연명의료의향서 조회 및 열람은 가족이라도 본인이 동의한 경우에만 가능함.

....

"당신의 결정을 존중합니다." 귀하께서 작성하신 사전연명의료의향서는 보건복지부 지정 국립연명의료관리기관에서 보관하고 있습니다.

사전연명의료의향서를 등록하고 한 달 후, 성명, 등록번호, 등록일이 적힌 카드(사전연명의료의향서 등록증)를 우편으로 받았다.

사전장례의향서 주요 내용

나에게 사망 진단이 내려진 후 나를 위한 여러 장례 의식과 절차가 내가 바라는 형식대로 치러지기를 원해 나의 뜻을 알리고자 이 사전장례의향서를 작성한다.

나를 위한 여러 장례 의식과 절차는 다음에 표시한 대로 해 주기 바란다.

....

1. 기본 원칙

(1) 부고
· 널리 알리기 바란다. ( )
· 알려야 할 사람에게만 알리기 바란다. ( )

· 장례식을 치르고 난 후에 알리기 바란다. ( )

(2) 장례식

· 우리나라 장례문화를 바르게 이해하고 전통문화를 계승하는 차원에서 해 주기 바란다. ( )
· 가급적 간소하게 치르기 바란다. ( )
· 가족과 친지들만이 모여 치르기 바란다. ( )

2. 장례 형식

· 전통(유교)식( ) 불교식( ) 기독교식( ) 천주교식( ) 기타 (지정)( )

3. 장일葬日

· 가급적 3일 또는 5일장을 지켜 주기 바란다. ( )
· 날수(기간)에 구애받지 말고 형편대로 해 주기 바란다. ( )

4. 부의금 및 조화

· 관례에 따라 하기 바란다. ( )
· 가급적 제한하기 바란다. ( )
· 일체 받지 않기 바란다. ( )

5. 음식 대접

- 잘 대접해 주기 바란다. ( )
- 간단한 다과를 정성스럽게 대접해 주기 바란다. ( )

6. 염습
- 정해진 절차에 따라 해 주기 바란다. ( )
- 특별한 이유가 없는 한 하지 말아 주기 바란다. ( )

7. 수의
- 사회적인 위상에 맞는 전통 수의를 입혀 주기 바란다. ( )
- 검소한 전통 수의를 선택해 주기 바란다. ( )
- 내가 평소에 즐겨 입던 면옷으로 대신해 주기 바란다. ( )

8. 관
- 사회적인 위상에 맞는 관을 선택해 주기 바란다. ( )
- 소박한 관을 선택해 주기 바란다. ( )

9. 시신 처리
- 내가 이미 약정한 대로 의학적 연구 및 조직 활용 목적으로 기증하기 바란다. ( )
- 화장해 주기 바란다. ( )
- 매장해 주기 바란다. ( )

〈화장하는 경우 유골은〉
· 인공 봉안시설: 봉안(납골)당( ), 기타( )
· 자연장(산골): 수목( ), 해양( ), 정원( ), 기타( )

〈매장하는 경우〉
· 공원묘지( ), 선산仙山( ), 기타( )

10. 삼우제와 사(십)구재
· 격식에 맞추어 모두 해 주기 바란다. ( )
· 가족끼리 추모하기 바란다. ( )
· 하지 말기 바란다. ( )

11. 기타
· 영정 사진, 제단 장식, 배경 음악 등에 대한 나의 의견

이상은 장례 의식과 절차에 대한 나의 바람이니 이를 꼭 따라 주기 바란다.

년 월 일
작성자 이름   서명

※사전장례의향서 다운로드하기 – 골든에이지포럼(www.goldenageforum.org)

마지막 길은 스스로 연출하라

　십여 년 전부터, 고령 전문가 단체인 골든에이지포럼에서는 장례 방식 등을 생전에 선택해 자식에게 전하는 '사전事前장례의향서' 작성 캠페인을 시작했다. '사전장례의향서'는 나에게 사망 진단이 내려진 후 나를 위한 여러 장례 의식과 장소, 절차 등이 내가 바라는 형식대로 치러지기를 원해 나의 뜻을 알리고자 미리 작성하는 것이다. 사전연명의료의향서가 임종 직전 자신이 받을 치료 범위를 스스로 결정해 놓은 것이라면, 사전장례의향서는 자신의 장례를 어떻게 치를지 미리 자손에게 알려주는 문서이다. 내가 떠나는 마지막 길을 부탁하는, 어찌 보면 유언장이 될 수도 있겠다. 비록 사전연명의료의향서처럼 법적인 구속력은 없다 할지라도 자손들이 작성자의 뜻에 따라 간소하고 엄숙한 장례를 치를 수 있기에 필히 내 의견을 밝혀 둘 필요가 있다.

사전장례의향서는, 작성자가 부고訃告 범위, 장례 형식, 장소, 부의금과 조화弔花의 여부, 염습, 수의, 관 선택, 화장, 매장, 비석 글귀 등 당부 사항을 미리 적어 놓는 일종의 유언장이다. 이렇게 미리 내 마지막에 대한 전반적인 세부 사항을 스스로 정해 놓는다면 자녀들은 그대로 이행해 주기만 하면 된다. 이런 결정들은 남겨진 이들의 짐을 조금이나마 덜어 줄 수 있는 내 마지막 사랑으로 필히 베풀어야 할 일이다. 내 자식들이 부담 없이 간소하게, 내가 원하는 방식으로 나를 보내 준다면 그것으로 됐다. 내 의지가 확고해서 그리한 것일진대, 결코 남겨진 자식들은 불효했다고 자책해서는 절대 안 될 일이다. 이렇게 안 한다면 자식들은 어쩌면 나름의 체면이나 주위의 이목 때문에 갈등하게 될 것이다. 혹은 이제껏 해 오던 세상의 관례대로 어쩔 수 없이, 시대에 맞지 않는 복잡한 고비용 장례로 그들의 아까운 돈을 낭비하게 될지도 모르기 때문이다.

아, '소박하고 간소하게'를 강조하다 보니 문득 이런 생각이 든다. 십인십색이라고 저마다 생각이 같지 않고 천차만별로 개성과 성품이 다를 수밖에 없으니…. 생전에 살았던 것처럼 저승으로 가는 길 또한 남보다 화려하고 거창하기를 원하는 이들도 분명 있을 것이다. 예로부터 장례 또한 관혼상제 중 큰일의 하나이니 무조건 허례허식의 잣대로 뭐라 말할 수만은 없을 터이다. 설령 고가의 장례 비용을 쓴다 해도 나름 그들의 인생관이고 가치관이라면 그것도 존중해야 할 그들의 의사이다.

　기사를 보니 요즘은 천편일률적으로 정형화된 형식을 거부하고, 개성 있게 본인이 직접 준비한 장례식을 치르고 싶어 하는 시니어들이 뜻밖에 많다고 한다. 시한부의 막바지를 목전에 두고 생전生前에 치르는 장례식도 있다는 걸 보면 '나를 위한 장례'라는 말이 실감 나기도 한다. "나 죽고 나서 하는 장례식이 무슨 의미가 있냐?"는 말은 묘한 울림을 준다. 검고 칙칙한 색이 아닌 밝은 빛깔의 옷을 입고 오직 나를 위해 모인 조문객들. 그들에게 맛있는 한 끼 식사를 대접하고 즐겁게 인생을 갈무리하는 추억을 만들며 제대로 된 이별을 고하는 자리. 슬프지만 마냥 슬프지만은 않은 생生의 아름다운 작별을 기획하는 멋진 그대들이라면…. 내 인생의 마지막 커튼은 나만의 방식으로 내리고 싶을 수도 있으니…. 그래, 어쩌면 그것도 좋겠다 싶다. 그것 역시 오롯이 자신의 뜻이라면!

　작은 결혼식small wedding이 유행인 요즘이다. 이에 더해 이번에는 작은 장례식이 늘어나면 좋겠다는 생각을 해 본다. 고인이 직접 자신의 장례식을 기획하고 꼭 와 주었으면 하는 사람들의 명단도 미리 적어 둔다면, 이제껏 행해졌던 장례 문화가 쌍방에 주었던 부담감을 조금이나마 덜 수 있을 것이다. 장례식의 주인공은 이 세상에 남아 있는 '상주'가 아닌 저세상으로 떠나가는 '나'이다. 유족으로 남겨진 이들이나 문상객으로 찾아온 이들 모두 고인을 진심으로 애도하는 마음으로 추모하려면 경제적 부담 또한 최소화되어야 한다. 검소하지만 누추하지 않고 화려하지만 사치스럽지 않다는, '검이불루 화이불치儉而不陋 華而不侈'가 각자가 원하는 장례식에도 적용된다면 어떨까 싶다.

　세상에 태어날 때는 내가 원하는 곳을 선택해서 올 수 없는 생生의 의무였다. 비록 생은 그러했으나 이 세상을 떠날 때만은 그래도 내가 원하는 방식으로 갈 수 있는 멸滅의 권리를 행사함이 당연한 것이 아닐까. 각자 나름대로 살아온 고유한 삶의 방식이 있으니 죽음 또한 나다운 방법으로 떠날 수 있어야 한다. 그래서 '내 장례 이렇게 치러 달라.'고 자녀에게 의향서를 남겨, 품위 있는 이별식을 위해 미리 제반 사항을 정리해 결정해 놓는 일은 중요하다. 어쩌면 이 일은 내가 고인이 된 후 제대로 된 추모를 받는 비결(?)이 될지도 모를 일이다.

장기 기증

  살아서 품위 있는 죽음을 준비하는 방법에는 여러 가지가 있을 것이다. 장기 기증(사후 인체 조직 기증) 등을 통해 자신의 경애와 박애를 세상에 남기는 방식도 그중 하나이다. 보통 '장기 기증'이라 하면 부담스럽게 여기는 경향이 있지만 생각하기 나름이다. 요즘 들어 다행히 장기 기증에 대한 이미지가 점차 긍정적으로 바뀌는 추세라고 해도, 결심이 실천으로 옮겨져 등록 의사를 확실히 밝히기까지는 여전히 어려운 듯하다. 그 이면에는 갖가지 이유가 있을 것이다. 아무래도 인체 훼손에 대한 거부감이 가장 클 것이고, 막연히 두렵고 무섭다는 감정도 절대 무시 못 할 것이기에 말이다.

  장기 기증은 죽음을 전제로 한다. 죽음을 두려워하지 않는 사람은 이 세상에 아무도 없다. 아무리 생사를 해탈한 고승이나 고차원적인 정신세계를 가진 어떤 이라도 그러하다. 죽음은 막연한 무서움이나 두려움의 수준을 넘어 끔찍함으로 다가온다. 죽음의 공포는 너나없이 갖고 있는 원초적 본능이다. 살아 있는 모든 생명체는 어느 순간에 이르면 어김없이 생을 마감한다. 삶이 있었기에 죽음이 오는 것이고 죽음이 있기에 삶에 대한 의미가 있는 것이다. 굳이 대자연의 질서 운운하지 않아도 우리는 이미 그것을 알고 있다. 그러나 피조물로서의 심약한 존재이기에 막연한 불안감을 여간해서는 떨치기가 어렵다. 그러기에 그럴수록 더더욱 그 어두움을 극복하기 위해서는 죽음에 대한 마음의 준비를 하면서 살아야 한다.

장기 기증의 의사를 밝혀 놓는 것은 그 준비의 일환이 될 수 있다. 한 사람의 생명의 끝이 여러 사람의 생명의 시작이 될 수 있다는 감동을 생각하면 조금만 용기를 내어도 좋지 않을까 싶다. 내가 죽은 뒤 내 몸이 어떻게 쓰이길 원하는지에 대해 스스로가 결정해 놓는 것은 어쩌면 세상에 귀한 선물을 주고 갈 수 있는, 내가 나눌 수 있는 마지막 기회가 될 터이니 말이다. 장기 기증 신청은 본인의 주거지와 가까운 곳의 등록 기관을 방문해 신청을 하거나 관련 사이트의 홈페이지, 우편, 팩스, 이메일 등을 이용하는 방법도 있다.

보통 장기 기증을 하게 되면 최대 9명에게 새 생명을 선물할 수 있다고 한다. 신장, 간장, 췌장, 심장, 폐, 골수, 안구, 췌도, 소장, 대장, 위장, 십이지장, 비장, 말초혈, 손과 팔, 발과 다리

등의 장기들을 기증해 또 다른 소생을 도울 수 있다. 기증 형태는 뇌사 또는 뇌사가 아닌 사망을 맞이했을 때의 기증 의사 표시를 말한다.

  지난 2009년 2월 고故 김수환 추기경이 선종하면서 마지막 선물로 남긴 '각막 기증' 직후 장기 기증 희망자 수가 역대 최다를 기록하더니 시간이 점차 흐르면서 다시 절반으로 줄어들었다고 한다. 반면 이식 대기자는 오히려 점점 증가하는 상황이다 보니, 대기 과정에서 환자들이 사망하는 사례가 많다고 한다.

  • 기증 형태
1. 장기 기증: 뇌사자 장기(신장, 간장, 췌장, 심장, 폐, 소장, 안구, 손, 팔 등)
2. 안구(각막) 기증: 뇌사 아닌 사망 시
3. 조직 기증: 인체 조직(폐, 연골, 근막, 피부, 양막, 인대, 간, 심장판막, 혈관 등)

  늙어서 죽으면 온몸의 장기 등이 약해질 대로 다 약해져 있을 텐데, 어떤 장기를 남에게 줄 수 있겠느냐고 생각하는 사람들도 있다. 그래도 원하기는 오장육부 중 몇 개는(?) 그래도 어지간해, 생사를 넘나들며 절박한 대기 과정에 있는 타인에게 기꺼이 나눠 줄 수 있지 않을까 기대해 본다. 내가 내린 장기 기중의 값진 결정은 더없이 숭고한 죽음으로 기억될 것이다. 더 많은 생명을 살리기 위한 생명 나눔! 이거야말로 세상에게 주는 기부 중 가장 아름다운 사랑의 기부가 아닐까 생각한다. "생각하는 시간이 오래 걸릴 뿐, 행동으로 옮기니 금방이더라." 어느 기증자의 말이다.

※ 국립장기조직혈액관리원 — www.konos.go.kr
※ 한국장기조직기증원 — www.koda1458.kr
※ 사랑의 장기기증운동본부 — www.donor.or.kr
※ 한마음한몸장기기증센터 — www.obos3042.or.kr

유언장 작성

> 언제라도 안녕할 수 있는 마음의 준비와 여분의 삶을 뜻밖의 선물로 받아들이는 마음으로 그렇게 삶을 살아야 한다.
> — 마르쿠스 아우렐리우스 Marcus Aurelius

유언장이란 사후를 예상하여 생전에 의사 표시를 기록한 내용으로 작성자가 사망 후에 효력이 발생하는 문서이다. 살면서 기회가 될 때마다 말로 남기는 것도 괜찮겠지만, 의혹 없이 공정해 모두가 인정하는 효과를 갖기 위해서는 글로 남기는 것이 더 낫지 않을까 싶다. 유언장은 사리 판단을 정상적으로 할 수 있을 때 미리 작성해 두어, 그때그때 보완하고 수정하는 것이 바람직하다. 종종 세간에 시끄러운, 남겨진 재산을 두고 빈소에서 치고받는 볼썽사나운 자녀들의 모습을 죽어서까지 보고 싶지 않다면 말이다. 생애 마지막 순간까지 돈과의 갈등에 뒤엉킨 유산 분배 문제로 주위 사람들이 눈살을 찌푸리는 일이 있어서는 안 된다. 내가 내 삶을 내 손으로 미처 마무리하지 못한 일로 인해 남겨진 가족들을 곤혹스럽게 만들어서는 절대 안 될 일이다.

재산이 많고 적음을 떠나 균분均分의 상속을 해야 할 일이다. 꼭 남겨진 돈이 많아서 그런 불화가 일어나는 것은 아니기 때문이다. 내가 떠난 후라 할지라도 몫몫이 나눠줌이 공정치 않아 가족들 간의 법적 분쟁이 일어난다면 얼마나 기가 막힐 노릇인가. 허나 행여 자식들에게 물려줄 유산이 없는 것을 미안해하거나 슬퍼할 필요는 없다. 그저 자녀들에게 경제적, 심리적 짐 지우지 않고 내 한 몸 잘 건사할 정도의 돈으로 살 수 있었던 것만으로도 하늘에 감사할 일이기 때문이다.

아무런 준비 없이 죽음을 맞을 경우를 상상해 보라. 가족의 불필요한 고통과 어쩔 수 없는 비용 지출은 당연지사이다. 자식들이나 배우자 그도 아니면 가까운 친척이 갑작스레 고인이 남기고 간 이런저런 일들을 맡아 처리해야 하는 일은 혼돈 그 자체일 것이다. 그러니 당사자가 유언으로 남겨 유가족이 그에 따르도록 하는 것이, 떠나는 이도 마음 편하고 남겨진 이들도 당황하지 않아도 되니 그 또한 좋지 않겠는가.

유언과 상속에 관련해서 도움을 받을 수 있는 여러 가지 유언신탁 서비스가 개발되어 시행되고 있다고 한다. 유언장의 작성과 보관까지 가능하다고 하니 이런 제도를 활용한다면 그리 복잡한 문제는 아닐 듯싶다. 이 외에도 자손이나 사회에 남기고 싶은 이야기를 자서전이나 영상물로 만들어 남기는 유언장의 형태도 있단다. 본인의 사정에 맞는 것을 선택해 유언장을 작성해 두는 것은 어떨까 싶다. 단, 법적 승인을 받기 위해서는 법률상 명시된 절차를 따라야 함으로 필히 작성 방법을 숙지해야 한다.

요즘은 우리나라에서도 '유산 기부'가 서서히 늘고 있다 한다. '유산 기부'란 유언자가 자신의 재산 전부 또는 일부를 비영리 기관, 복지 재단 등 유언자와 전혀 관계없는 이웃에게 증여 방식으로 기부하는 것을 말한단다. 한마디로 자신의 삶을 정리하면서 남은 재산을 가족에게 남기지 않고 어려운 이웃에게 물려주고 떠나겠다는 약속인 셈이다. 유산 기부 방식도 현금, 부동산, 예금, 주식, 보험 등 다양하단다. 게다가 유산을 기부한 기부자들은 여러 혜택(세액 공제, 상속세 감면 등)과 서비스(시니어 주거, 후견, 장례, 유품 정리 등 생애 마지막 준비에 필요한 서비스)를 받을 수 있다 한다. 그래서인지 유독 1인 가구나 무연고 유산 기부자에게 큰 호응을 얻고 있다는 말에 더 공감이 간다.

혹, 아직도 나하고는 상관없는 일, 저만치 떨어져 있는 남의 일이라고 생각하고 있는가. 나는 유산으로 남겨 놓고 떠날 정도의 여유 재산이 없으니 그런 걱정은 필요 없다고 아예 무시

해 버릴 것인가. 설령 그렇다 할지라도 미리 준비해서 나쁠 것은 없다고 생각한다. 유언장의 내용이란 것이 꼭 유형의 재산에만 국한되는 것은 아니기 때문이다. 평소에 미처 하지 못했던 따뜻한 말 한 줄이라도 남긴다면 남은 가족들에게는 그것이 살아갈 힘이 되고 위로가 될 수 있는 것이다. 삶과 죽음은 하나이다. 우리가 하루하루 살아가고 있다고 여기는 삶이라는 것이 실상은 하루하루 죽어 가고 있는 일임을 직시하는 사람이라면, 더 이상 외면해서는 안 될 일이다.

영정 사진은 내가 준비한다

영정影幀 사진은 영혼을 담은 사진이다. 괜히 영정이라는 단어가 주는 어감이 꺼림칙해서인지 요즘은 장수 사진, 효도 사진이라고 말하기도 한다. 항간에는, 미리 찍어 준비해 두면 부모님이 장수하신다는 속설도 있어 부모님의 영정 사진을 건강하실 때 미리 찍어 준비해 두는 집도 적지 않다고 들었다. 허나 여전히 많은 이들은 죽음을 터부시하는 사회 분위기 때문인지 영정 사진 준비를 차일피일 미루려는 경향이 있는 듯하다. 갑자기 일을 당하고 나서야 미처 준비하지 못한 영정 사진 때문에, 허둥지둥 온 집안을 뒤져 고인의 사진을 겨우 찾았다고 말하는 사정들이 왕왕 있는 것을 보면 말이다.

영정 사진은 본인이 아니라 자식을 위한 사진이 되어야 한다. 나는 떠나지만 남은 자식들이 내 사진을 계속 볼 것이기에 그렇다는 것이다. 그래서 더더욱 스스로 준비해야 한다. 그러기에 표정은 생기 있어야 하고 분위기는 밝고 환해야 한다. 부모라는 존재가 그렇지 않은가. 이생을 떠나 저세상에 가서도 눈에 밟히는 존재는 여전히 자식일 것이기에. 고인이 떠난 후 남겨진 사진을 보고 살아가야 하는 가족들을 위해서, 마치 저승사자에게 억지로 끌려가는 것 같은 슬픈 표정을 남겨서는 안 되는 것이다. 어차피 가야 할 길, 이왕이면 웃는 모습으로 고별을 고하는 게 좋지 않겠는가. 영정 사진은 그런 의미에서 일반 사진하고는 다른 가치를 지녀야 한다. 예전에는 정장을 갖춰 입고 굳은 표정으로 일관한 사진들이 많았지만, 요즘은 자신이 가장 편안한 복장으로 아주 부드럽게 웃으면서 즐겁게 찍는 사람들도 많은 추세라고 한다. 여고 시절 친구들과 어울려 깔깔거리며 찍었던 사진들처럼, 그렇게 꾸밈없이 자연스러운 웃음으로 떠나고 싶다면 좀 그런가?

언젠가 드라마에서, 어떤 할머니가 자신의 영정 사진을 미리 준비하여 가족들에게 보여 주는 장면이 있었다. 뜻밖에도 사진 속의 할머니는 현재의 늙은 얼굴이 아닌 중장년 시절의 모습이었다. 꼭 이 사진으로 자신의 장례식이나 제사 때 써 달라고 당부하는 말을 들으며 생각했다. 처음에는 어? 했지만, 곰곰 생각해 보니 아! 그건 정말 마음에 드는 발상의 전환이었다. 현재 모습이 아니더라도, 그렇다고 터무니없이 한참 젊은 시절의 사진을 쓸 사람은 아마 없을 것이다. 중년 정도의 나이만 해도 지금과 비교하면 천지 차이일 것이 분명하나, 혹 마음에 들었던 사진이 있었다면 그것으로 내 마지막을 남기는 것은 어떨까 싶은 것이다. 자녀들에게, 내가 직접 고른 내 인상人相으로 너희들도 나를 그렇게 기억해 주면 좋겠다는 의사를 밝힌다면…. 어느 자식이 그 뜻을 거역하랴. 뜬금없는 얘기라 할지라도 충분히 이해해 주리라 믿는다.

  유명인이나 연예인들이 남긴 영정 사진을 보면, 다들 가장 멋있고 아름다운 모습을 골라 쓰는 것 같다. 평범한 나라고 그렇게 하지 말란 법이 어디 있겠는가. 내가 이 세상을 떠나고 난 후, 내 아이들이, 내 지인들이 나를 제일 예쁘고 고왔던 시절로 기억해 주기를 바란다면…. 이 생각도 그리 무리는 아닐 거라 자신한다. 그렇다고, "아이고, 아까워라! 저 사람은 젊을 때 떠났네~" 그렇게 생각해 말할 사람은 아무도 없을 것이다. 그러나 설령 그렇다 해도 뭐 어떤가. 일찍 가거나 늦게 가거나, 내가 세상에 남기고 싶은 내 모습이 꼭 그래야 한다면 말이다. 세상을 떠난 이들 중에 자신의 영정 사진을 미리 본 사람이 과연 몇이나 될까마는…. 그래서 더욱 아름다운 이별을 위해 내가 준비하는 나의 영정 사진은 의미가 있는 것이다.

우리가 선택할 두 가지 방법

• 매장 — 땅속에 묻히기

내 키만 한 나무 상자 속에 온몸이 천으로 둘둘 묶인 채로 쾅쾅 못 박혀 땅에 묻히는 것은 싫다. 든든한 삼베로 12마디를 묶는 것이 상례라고 하니 얼마나 갑갑할 거나. 땅속의 별별 해충들은? 살아 있을 때도 벌레라면 질겁했는데 어찌 죽어서까지 온갖 미물에 시달리랴. 손사래 휘휘 저어 쫓아낼 수도 없고 발로 확 밀어낼 수도 없어 속수무책으로 꼼짝없이 당해야 하지 않은가 말이다. 꿈틀꿈틀 지렁이도 싫고 소리도 없이 스르륵 나타나는 징그러운 뱀은 공포 그 자체이다. 어찌 이뿐이랴. 추울 때는 분명 한기가 들 것이고 더울 때는 바람도 쐴 수 없는데, 어찌 그 암흑 속에서 혹한과 혹서를 견디어 낼까. 게다가 비까지 퍼붓는다면 분명 물에 퉁퉁 불을 터인데….
 제아무리 비싼 소나무, 향나무라 해도 싫다. 어차피 시간이 흐르면 다 썩어 흙으로 돌아갈 터, 비싼 관에 누워 저세상으로 떠난다 한들 뭐 그리 만족스러우랴. 남들 다 한다는 오동나무? 글쎄, 그게 어떤 나무이건 간에 갇히는 건 갑갑하고 답답해서 무조건 싫다. 이생에서 자유롭게 훠이훠이 내 마음대로 맘껏 살지도 못했는데, 어찌 죽어서까지 꽁꽁 싸매어져 무거운 흙더미에 짓눌려야 하나. 훗날 내 몸이 부패되어 누운 자세 그대로 유골로 변해 세상에 고스란히 남겨진다는 사실도 끔찍하건만…. 혹여 묫자리 잘못(?) 쓰지 않았나, 하는 괜한 근심까지 후손들에게 남기고 싶지 않다.

• 화장 – 불에 살라지기

 불에 태우는 것도 뜨거워서 무조건 싫다. 살아 있을 때, 조금만 살이 데어도 그렇게 쓰라려 아파했었는데. 타오르는 용광로 속에 던져져 온몸이 고열에 녹아지는 고통은 상상만 해도 비명이 나온다. 결국…. 그예 2~300그램 뼛가루로 변해 조그만 항아리에 담겨지는 황망함과 허무함은 또 어쩌고. 아이고! 한 번 죽음도 무서운데 두벌죽음이라니.
 그러나 어쩌면 그게 더 차라리 화끈하고 개운하지 않을까. 생전에 이곳저곳 고약하게 속 썩이고 아팠던 조그마한 육신.

시도 때도 없이 숱하게 약 먹고 그것도 안 되면 도려내어 수술하고 꿰매고 그예 이식까지 해야 했던 상처투성이 몸뚱이. 별의별 질병에 시달려 초라하게 말라 버린, 노환이란 병명으로 죽도록 고생한 측은한 연민. 그 설움까지 몽땅 뜨거운 불길 속에서 흔적 없이 단번에 사라질 수 있으니 말이다. 무수했던 갈등과 번뇌, 무겁디무거운 육체로 세상에 왔던 사실까지도 바싹 타버려 몇 줌의 가벼운 재로 날려질 수 있음은…. 어깨와 등에 잔뜩 짊어졌던 오욕칠정의 엄청난 짐을 내려놓고 비로소 티끌이 될 수 있음은…. 훨훨 나는 한 마리 새처럼 참으로 홀가분하지 않을까도 싶다.

매장은 이래서 싫고 화장은 저래서 싫다! 영영 소멸되기 싫은, 눈을 감지 못할 수백 가지 이유를 절박하게 갖다 대어도, 우리는 어차피 두 가지 방법 중 하나를 택해 이 세상과 작별하게 될 것이다. 이제부터는 생년월일이 아닌, 사망으로 기록될 멸滅년월일. 생일이 아닌 기일로 기억될 인생의 유한함을 재확인하는 시점이며, 하나의 삶이 마감되는 동시에 미지의 또 다른 삶이 시작되는 분기점이다. 그것이 영생이든 윤회이든 천국이든 극락이든 끝없이 이어지는, 영원히 끝나지 않을 생명을 위하여 긴 어둠의 터널을 지나게 되는 것이다.

각자의 평소 신념에 따라 매장되어 흙으로 변하든 화장해서 재로 변하든…. 죽으면 어떠한 감각도 없는 줄 뻔히 알면서도 죽어서까지 숨을 쉬고 싶고, 죽어서까지 내 한 몸의 아픔을 끝없이 걱정하게 되는 것은…. 내가 여전히 나를 지독히도 사랑하는 연유일진대. 죽음 이후의 세계가 어떻든지 아직은 이 세상에서 조금 더 살고 싶은 궁색한 욕망을 어느 누구도 탓할 수 없음은…. 사람들한테 잊히는 게 못내 두려워 두 눈을 감을 수 없거나, 개똥밭에 굴러도 이승이 좋은 미련을 끝내 버릴 수 없음은…. 몌별袂別의 섭섭함이 모질거나 아님 집요한 생의 애착일지니.

좋은 죽음 ― Good Death

'죽음의 질'을 따질 때 가장 중요한 요소가 '얼마나 아프지 않고, 편안하게 세상을 떠나느냐.'라고 한다. 10여 년 전, 전 세계 40개국을 대상으로 실시한 '죽음의 질 지수(Quality of Death Index)' 조사에서 영국이 1등, 우리가 32등에 머물렀단다. 이제 그로부터 세월이 좀 더 흘렀으니 우리의 사정이 조금은 나아졌을지도 모르겠다.

어느 나라나 '죽음'에 대한 얘기를 편하게 하는 문화는 없는 것 같다. 죽음을 인지하면서도 꺼리는 이면에는 필시 저마다의 금기시하는 무언가의 두려움 때문에 주저하는 것이리라. 뭐 닥쳐서 그때 해결하면 될 일을 재수 없게 굳이 앞당겨서 준비까지 해야 하는지에 대한 막연한 거부 반응이 일어나는 것일지도. 이제껏 우리는 '죽음'을 그렇게 존중하지 못하고 막 대해 왔음을 시인해야 한다. 그러나 더 늦기 전에 저마다 '웰빙'을 추구하는 삶을 살면서도 '웰다잉'은 일부러 외면하는, 왜곡된 삶의 자세를 바꾸어야 할 때이다. 더불어 '죽음'을 제대로 준비할 수 있는, 죽음을 금기시하는 사회적 인식을 바꾸어 새로운 분위기를 조성해 줄 수 있는 민관 합동 기구가 절실히 필요한 시점이다. 인구의 고령화는 날로 심각해지는데, 죽음에 대한 준비는 개인이나 단체나 모두 부족하니 말이다. 각자가 삶을 받아들이는 방식만큼이나 죽음을 받아들이는 방식 또한 중요함을 이제는 인정해야 할 때이다.

'좋은 죽음'이라는 개념은, 영국의 '생애 말기 치료 전략' 보고서에서 처음 등장했다. '좋은 죽음'이란 '익숙한 환경에서' '존엄과 존경을 유지한 채' '가족·친구와 함께' '고통 없이' 죽어 가는 것이다. 이 4가지로 좋은 죽음을 정의했단다. 한마디로 편안한 죽음이다. 영국의 예에서처럼 우리도 거리낌 없이 생의 마지막을 얘기하고 직시하는 사회에서 '잘 살고 잘 죽기'가 가능하려면 마땅히 내가 내 죽음을 준비해야만 한다. 분명 죽음은 부정을 탄 액운이나 횡액이 아닌, 정해진 생의 일부이기 때문이다.

'익숙한 환경에서'라는 말을 곰곰 생각해 본다. 그곳이 내 집일까? 아님 병원일까? 내 삶의 마지막 날 나는 어디에 있을지를 예상해 보면, 십중팔구 병원이 될 확률이 높다. 의학이 날로 발전해 가는 탓에 숨이 꼴딱 넘어가는 순간까지, 자의든 타의든 어쩌면 치료에 목을 매고 있을 것이기 때문이다. 또한 가족 구조가 변화하며 집에서 끝까지 환자를 돌볼 수 없는 이런저런 사정들도 있을 터이니, 병원에서 죽음을 맞는 사람들이 늘어나게 된 이유에도 한몫했을 것이다. 다른 선진국과 비교해 보면, 우리나라가 자신의 집이 아닌 의료기관에서 죽음을 맞이한 비율이 월등히 높단다. 본인의 임종 희망 장소를 자택으로 희망한 사람들이 많음에도 불구하고 말이다. 집이 아닌 객지에서 죽음을 맞는 것을 객사客死라고 한다. 그런 의미에서 본다면 병원에서 죽는 것도 객사이다.

예전에는 모두들 임종은 내가 살던 곳에서 맞이하고 싶어 했다. 그래서 집에서 초상을 치르는 경우가 다반사였다. 몇 년 전부터 '가정 호스피스'란 말을 들어왔다. 집에서 생애 마지막 시간을 보낼 수 있도록, 신청을 받아 도와주는 호스피스 서비스 유형이란다. 모임에서 이런 얘기를 했더니 뜻밖의 다른 의견들이 나왔다. 집에서 죽은 사람이 있을 경우, 그 집은 집값이 떨어져 제값을 못 받는다고…. 또 병원에서 임종할 경우에는 뒤처리가(?) 비교적 간단한데, 집에서 숨을 거두면 절차가 복잡해진단다. 그러니 남은 가족을 생각해서라도 병원에서 생을 마감하는 게 훨씬 민폐가 덜한 것이라고…. 그 말에 그만 말문이 턱하고 막혔다. 아하, 본인이 아무리 좋은 죽음을 계획하더라도 그게 100% 가능한 일이 아닐지도 모른다는 기막힌 현실. 이건 또 어떻게 이해를 해야 하는 건지. 그러고 보면 '익숙한 환경에서, 존엄과 존경을 유지한 채, 가족과 친구에게 둘러싸여, 고통 없이 죽을 수 있다는 것은…. 하늘이 내려 준 천복天福이 아니고서는 어림도 없는 일이지 싶다.

후기

성공적인 노화를 위하여

　계로록戒老錄은 중국 고전, 『대학大學』에 나오는 글이다. 은나라에 탕왕湯王이라는 임금이 있었다. 그는 매일 사용하는 세숫대야에 자신을 돌아볼 수 있는 좌우명 하나를 적어 두고 곱게 늙기 위한 노력을 한시도 멈추지 않았다 "구일신苟日新이어든 일일신日日新하고 우일신又日新하라." — "오늘의 행동은 어제보다 더 나아져야 하고, 내일의 행동은 오늘보다 나아지도록 수양에 힘써야 한다." 반듯한 노인으로 늙기 위해서는 이미 새로워진 것을 바탕으로 더욱더 새로워져야 하는 노력을 한순간도 중단해서는 안 된다는 뜻이다.
　예나 지금이나 사람이 사는 이치는 동일하다. 오랫동안 많은 이들에게 널리 읽히고 모범이 되었던 고전古典의 사상 속에는 분명 배워야 할 인생의 도리가 있다. 노년, 이제부터는 세월에 정신없이 휘둘려 끌려가는 것이 아닌, 세월과 사이좋게 동행하며 서로 토닥여야 할 즈음이다. 누구나 이 나이쯤 되면 현실과 이상 사이의 괴리감도 어지간히 맛보았을 터이다. 삶의 고비마다 턱 버티고 있던 벽, 막, 안개와 같은 모호한 존재들과는 억지로라도 이별을 고해야 하지 않을까 싶다. 언제까지 로망이나 야망을 향해 안쓰러운 손짓, 헛발질을 계속할 것인가. 아무리 100세를 노래하지만 그것은 말 그대로의 헛헛한 희망 사항일 뿐이다. 노인에게는 남은 인생이 너무 짧다. 깊고 원만한 인격으로 원숙하게 나이 듦이 노년의 마지막 꿈이 되어야 한다.

제대로 나이 먹기에 꼭 필요한 레시피를 여러 개 적어 봤지만, 솔직히 고백하건대 이걸 모두 잘 지킬지 장담할 수는 없다. 이성적으로는 그리하려 하지만 아마 의지가 약해 개중에는 시원찮은 것도 있을 것이다. 얄궂게도 나이 드는 것조차 내 마음, 내 뜻대로 순조롭고 평탄하게 이루어지지는 않을 것이기에. 아, 그만큼 품격 있게 나이 먹기가 힘들다는 얘기이다. 그러나 만년의 내 자신에게 주는 계명으로 받아들여 최대한 이행하려고 노력하고자 한다.

나이 듦은 정직한 세월이 주는 훈장이요, 노인으로서의 지위를 나타내는 완장이다. 잘 늙는 것도 공부라고 했다. 단지 외모로 평가되는 '어른'이 아닌 이왕이면 품격으로 업그레이드되는, 인망 높은 '어르신'이 되어 보는 것도 썩 괜찮은 포부이지 않을까. 늘그막의 내 모습이 누군가에게 동경의 존재가 될 수 있다면 더할 나위 없이 감사한 일일 것이다. 단지 물리적인 나이를 먹었다는 이유로 타인에게 푸대접을 받는 연령 차별주의(?)의 거창한 설움까지는 아니더라도…. 적어도 국가의 한 구성원으로서, 사회 공동체의 일원으로서 혐오, 홀대, 멸시, 무시 당하는 존재로는 전락하지 말아야 하지 않겠는가.

"아! 저렇게 보기 좋게 나이를 먹을 수 있다면 얼마나 좋을까."
"어이쿠, 나는 저렇게 추한 모습으로 나이 들지 말아야지!"

나이 듦의 찬란함과 비참함! 노인에 대한 향앙向仰과 경멸! 극과 극의 수준이나 평가까지는 아니더라도 그 이중적인 시선들을 감당하고 살아야 하는 흰머리의 삶은 어떤 모습이어야 할까. 그리하여 우리 노년의 풍경은 어떤 그림으로 완성될 수 있을까. 계로는 다시 강조하지만 나도 좋고 남에게도 좋은, 노년수업에서 반드시 배워 마음에 새겨야 하는 필수 전공과목이 되어야 한다. 우리 노인들은 '나이가 들었기 때문에' 사회에서 존중받아야 하고 '나이가 들었음에도' 여전히 가족에게는 가치 있는 존재로 여겨져야 한다. 우리네 인생은 그렇게 온 정성을 다해 노력하는 과정을 거치고 거쳐, 모두의 인정認定 속에

유종지미로 화려하게 종강되어야 한다. 그것이 다름 아닌 성공적인 노화일진대!

2023년
홍정희

참고한 책

소노 아야코 『나는 이렇게 나이 들고 싶다』, 리수, 2004
엘리자베스 퀴블러 로스·데이비드 케슬러 『인생 수업』, 이레, 2006
법정 『아름다운 마무리』, 문학의 숲, 2008
이근후 『나는 죽을 때까지 재미있게 살고 싶다』, 갤리온, 2013
김미영 외 7인 『노년의 풍경』, 한국국학진흥원, 2014
아툴 가완디 『어떻게 죽을 것인가』, 부키, 2015
루이즈 애런슨 『나이 듦에 관하여』, Being, 2020
비프렌더스 인터내셔널 BEFRIENDERS INTERNATIONAL 매거진
그 외 '인터넷' 검색 참조

시든 꽃이
　　아닌
마른 꽃으로

발행 ㅣ 2024년 6월 14일
지은이 ㅣ 홍정희
펴낸이 ㅣ 김명덕
펴낸곳 ㅣ 한강출판사
홈페이지 ㅣ www.mhspace.co.kr
등록 ㅣ 1988년 1월 15일(제8-39호)
주소 ㅣ 서울시 종로구 인사동11길 16, 303호(관훈동)
전화 02-735-4257, 734-4283　팩스 02-739-4285

값 15,000원

ISBN 978-89-5794-564-3 03810

※저자와의 협약에 의해 인지는 생략합니다.
※이 책의 저작권은 저자와 본 출판사에 있습니다.